1. Auflage   November 2018
Verlagsanschrift   Kreuzstraße 23 D-91077 Neunkirchen
                        Deutschland
Satz und Layout   © IPM Edition

Bibliografische Information der Deutschen Nationalbibliothek:
Die Deutsche Nationalbibliothek verzeichnet diese Publikation in der Deut-
schen Nationalbibliografie; detaillierte bibliografische Daten sind im Internet
über http://dnb.dnb.de abrufbar.

Illustration: © IPM Edition
Translation: © IPM Edition
Bildnachweise: © IPM Edition

Herstellung und Verlag:
© 2018   ISBN 9783748100263
BoD – Books on Demand, Norderstedt

Das kleine Buch der Mineralstoffe

Helmut Moldaschl

Inhalt

Übersicht

Neben organischen Substanzen benötigt der menschliche Organismus für seine ordnungsgemäße Funktion Mineralstoffe und Spurenelemente.

Mineralstoffe sind unverzichtbar, denn grundlegende Elemente des Stoffwechsels basieren auf Mineralstoffen.Ihre Aufgaben sind vielfältig. Sie sind wichtig für den Transport und die Verarbeitung von Sauerstoff, unverzichtbar für den Wasserhaushalt in unserem Körper und für die Leitung von Reizen in Nerven und Muskeln. Auch eine gesunde Knochensubstanz käme ohne die ausreichende Zufuhr dieser Stoffe nicht zustande.

Ohne Mineralstoffe würden uns die Vitamine nicht viel nützen. Nur gemeinsam sind sie beispielsweise essentiell für die Herstellung von Neurotransmittern – biochemische Stoffe, welche Reize zwischen den Nervenzellen oder Zellen austauschen, diese Reize verstärken oder modulieren.

Ein einziges Mineral aber kann im Körper nichts ausrichten. Es braucht immer die Zusammenarbeit mit anderen Mineralien, Vitaminen und Vitalstoffen. Deshalb enthalten Gewebe und Flüssigkeiten unseres Körpers unterschiedliche Arten und Mengen an Mineralien.

In Zellen und Körperflüssigkeiten steuern sie die biochemischen Prozesse. Als Bestandteile von Enzymen bringen sie überdies Nährstoffe ins Blut und in die Leber.

Mineralstoffe (Mengenelemente) sind essentielle lebensnotwendige Bestandteile aller lebenden Zellen, also organischer Verbindungen, und sie sind am Stoffwechsel beteiligt. Der menschliche Körper kann sie selbst nicht bilden. Als anorganische Bestandteile unserer Nahrung werden sie mit ihr von außen zugeführt. Als Mengenelemente bezeichnet man sie, wenn ihre Massenanteile mehr als 50 mg/kg Körpergewicht betragen.

Spurenelemente gehören auch zu den Mineralstoffen, sind aber in Massenanteilen von weniger als 50 mg/kg Körpergewicht in unserem Körper vorhanden.

Einige Spurenelemente sind trotz der geringen Mengen lebenswichtig. Ihr Fehlen führt zu Mangelerscheinungen und zu Stoffwechselstörungen. Die Aufgaben und Funktionen einiger Spurenelemente im menschlichen Stoffwechsel sind bisher nicht genau bekannt. Das am besten erforschte Spurenelement ist Eisen.

Zu den essentiellen wichtigen Mineralstoffen (Mengenelementen) zählen: Calcium, Kalium, Natrium, Magnesium, Phosphor, Schwefel und Chlor (Chlorid).

Zu den essentiellen wichtigen Spurenelemente zählen: Chrom, Kobalt, Eisen, Jod, Kupfer, Mangan, Molybdän, Selen, Silizium, Vanadium und Zink.

Weitere wichtige Spurenelemente (*Ultra-Spurenelemente*) sind: Arsen, Bor, Cadmium, Nickel, Lithium, Rubidium und Zinn. Es ist nicht klar, ob sie zufälliger Bestandteil des menschlichen Körpers sind, oder ob ihnen eine physiologische Funktion zukommt, was vermutlich der Fall ist.

Wenn man sich mit jenen Mineralstoffen befasst, die eine physiologische Rolle spielen, tut man gut daran, sich zunächst die Menge aller wichtigen Elemente vorzunehmen. Damit erhält man ein Gefühl dafür, welche Bedeutung manche Elemente haben, obgleich sie nur in geringer Menge vorhanden sind. Eine 75 Kilogramm schwere Person besteht zu 52 Kilogramm aus Wasser, zu etwas mehr als 11 Kilogramm aus Eiweiss, zu 7,5 Kilogramm aus Fett. Fast 4 Kilogramm sind Mineralstoffe, also ein erheblicher Beitrag. Fast 500 Gramm Kohlenhydrate und nur 300 Gramm Vitamine,.

Mineralstoffe werden nicht in metallischer Form, sondern als Salze aufgenommen. So zum Beispiel Natrium-Chlorid = Kochsalz, welches im Körper in seine Bestandteile, das sind elektrisch positiv und negativ geladene Atome, sogenannte Ionen, zerlegt werden. In unserem Beispiel in positiv geladenes Natrium (*Natrium$^+$*) und negativ geladenes Chlor (*Chlor$^-$*).

Der Körper kann Mineralstoffe nicht selbst herstellen. Sie müssen ihm also von außen zugeführt werden. Sie sind in fast allen Nahrungsmitteln – festen und flüssigen – enthalten. Deshalb finden wir bei Mineralstoffen nur ausnahmsweise eine Mangel-situation vor. Überdies kann der Körper eine verminderte Zufuhr ausgleichen.

Auch wenn bei manchen Elementen die Einnahmen unter der empfohlenen Tagesdosis liegen, treten kaum Mangel-erscheinungen auf. Auf die Zufuhr der Mineralstoffe Jod, Eisen und Calcium sollte jedoch genauer geachtet werden, besonders wenn temporär ein erhöhter Bedarf besteht, zum Beispiel bei Schwangerschaft, Menstruation oder hormonellen Veränderungen (Menopause). Der angegebene Tagesbedarf von Mengen- und Spurenelementen ist demzufolge relativ.

Die Aufnahme hoher Dosen von Mineralstoffen über den Mund ist für Gesunde kaum gefährlich, denn der Körper scheidet Überschüssiges aus oder nimmt es erst gar nicht auf. Das gilt allerdings nicht, wenn Mineralstoffe in Verbindung mit anderen Stoffen (Vitaminen, Medikamenten) eingenommen werden. Auch die Verwendung von Mineralstoffen als Medikament (Magnesium, Calcium) muss streng kontrolliert werden.

Wer sich bewusst und vielseitig ernährt, braucht keine separate Zufuhr von Mineralstoffen, doch ist gegen eine kontrollierte Einnahme von Mineralstoff-Präparaten nichts einzuwenden. In kritischen Situationen (Wechseljahren, Schwangerschaft und Stillzeiten, starken Mcnatsblutungen) sind Ergänzungspräparate sogar empfehlenswert.

Nicht nur zur Vorbeugung, sondern auch bei symptomatischen Beschwerden können Mineralstoffe schnell, effizient und relativ gefahrlos helfen (Magnesium bei Wadenkrämpfen). Sprechen Sie in jedem Fall (z. B. Mineralstoffmangel) mit Ihrem Arzt.

Eine ausgewogene, abwechslungsreiche Ernährung versorgt den Körper in der Regel ausreichend mit Mineralstoffen. Sowohl pflanzliche als auch tierische Lebensmittel enthalten zum Beispiel Eisen. Allerdings wird Eisen aus Fleisch vom Körper besser aufgenommen als aus Getreide oder Gemüse. Wer bei seiner Ernährung ganz auf Fleisch verzichtet, sollte daher besonders auf seinen Eisenhaushalt achten.

Vegetarier brauchen bei geeigneter Lebensmittelkombination keinen Eisenmangel zu befürchten. Pflanzliches Eisen wird in Kombination mit Vitamin C gut aufgenommen. Empfehlenswert sind beispielsweise ein Vollkorngetreideprodukt mit Orangensaft.

1 Calcium

Calcium (Ca) ist der mengenmäßig am stärksten vertretene Mineralstoff im menschlichen Organismus. Etwas mehr als ein Kilogramm unseres Körpers besteht aus Calcium. 99 % des im Körper vorkommenden Calciums befinden sich in Knochen und Zähnen. Calcium hat u. a. Bedeutung für die Stabilisierung des Skelettsystems, die Gesundheit der Blutgefäße, die Regelung des Blutdrucks, die Blutgerinnung, die Erregungsleitung im Nervensystem, beispielsweise zur Muskelkontraktion, die Aktivierung von Enzymen und die richtige Insulinwirkung.

Daher sollte ein Calciummangel unbedingt vermieden werden. Die einfachste Möglichkeit dazu ist eine vernünftige Ernährung. Mangelerscheinungen sind Minderwuchs, Entkalkung von Knochen (insbesondere im Alter die Osteoporose), Übererregbarkeit der Muskeln und Nerven und damit Krämpfe.
Zu den Lebensmitteln mit besonders hohem Calciumgehalt gehören Brokkoli, Lauch, Fenchel, Grünkohl, sämtliche Kopfkohlarten, Grün- und und Chinakohl, Hülsenfrüchte. Sehr gute Calciumquellen sind Mohn, Sesam, Brennnesseln, Mandeln, Haselnüsse, Amarant und getrocknete Feigen. Auch einige Mineralwasser.

Quantitative Beispiele, Gehalt in mg pro 100 g: Sesam 730, Mandeln 250, Feigen 244, Leinsamen 230, Grünkohl 210. Milch 120. Die Calciumaufnahme aus der Milch beträgt ca. 30 %, aus pflanzlichen Quellen hingegen ca. 60 %.

2   Kalium

Kalium (K) sorgt – in einem Mengenanteil von etwa 250 Gramm unseres Körpers – für die Aufrechterhaltung des Membranpotentials, die Blutdruckregulation, die Gewebespannung, die Reizweiterleitung, die Regulation des Wasserhaushalts, die Eiweiß- und Glykogenbildung. Eine weitere entscheidende Rolle spielt Kalium als Bestandteil von Verdauungssäften im Magen-Darm-Trakt und bei der Energieproduktion.

Das Membranpotential ist die elektrische Potentialdifferenz (= Spannung) zwischen der Außen- und Innenseite der Zellmembran und damit der Treiber für die physiologischen Vorgänge in einer Zelle.

Der natürliche Gegenspieler von Kalium ist Natrium, und das ausgewogene Verhältnis der beiden Mineralien ist die Basis für die Regulation physiologischer Prozesse. Beispielsweise ist Kalium gemeinsam mit Natrium für die Tätigkeit des Herzmuskels verantwortlich.

Der tägliche Bedarf an Kalium wird in der Regel bei einer normalen, ausgewogenen Ernährungsweise gedeckt, da Kalium in den meisten Lebensmitteln enthalten ist. Besonders reich an Kalium sind u. a. Pilze, Trockenobst, Bananen, Obst, Hülsenfrüchte, Käse, Kartoffeln, Vollkornprodukte, Salat, Spinat, Nüsse, Kakao und Schokolade.

Kaliummangel im Körper äußert sich durch Kopfschmerzen, Muskelschwäche, Müdigkeit, Schwindel oder Übelkeit, Darmlähmung und unter Umständen Funktionsstörungen des Herzens.
Da ist dann noch das *Kalium 40 (K-40)* von dem wir hier kurz sprechen wollen. K-40 ist ein radioaktives Isotop, das im natürlichen Kalium vorkommt. Und es strahlt: es sendet Elektronen aus. Wir werden die Zusammenhänge in einem weiteren Buch ausführlicher beschreiben und dort darstellen, weshalb Strahlung lebenswichtig ist. Hier schildern wir zunächst nur kurz die wichtigsten Fakten.

Natürliches Kalium enthält etwas mehr als 0,01 % an Kalium 40 (*K-40*). Das sieht wenig aus. Ist es aber nicht, denn dieses Material ist ein und das deshalb in unserem Körper vorhanden ist. K-40 ist also ein Teilchenstrahler. Er macht unseren Körper radioaktiv und lässt ihn auch strahlen. Ob wir wollen, oder nicht. Sie meinen das wäre ein Witz? Keineswegs. Dies ist ein wichtiger Berührungspunkt zwischen der bekannten Sphäre unseres Körpers und einer geheimnisvollen ungekannten Welt.

Jene Elektronenstrahlung, die das Kalium 40 ständig aussendet, bestrahlt beispielsweise unseren Nachbarn im Bett, ohne dass wir es merken und ohne dass er es merkt. Und er tut dasselbe mit seinem Körper, ohne dass wir es merken und ohne dass er es merkt.

Die Heftigkeit dieser Strahlung, die wir selbst aussenden, ist von der Größenordnung jener Strahlung, die die Makronen (Pilze) nach dem Unfall in Tschernobyl ausgesendet haben, die radioaktive Molke und das radioaktive Rehfleisch, vor dem man uns vielfach gewarnt hatte und vor dem wir deshalb eine solche Heidenangst hatten.

Sojabohnen, Aprikosen, Weizenklee und Pistazien enthalten relativ viel natürliches Kalium und damit auch entsprechend viel K-40. Je mehr Kalium Sie also zu sich nehmen, umso stärker werden sie strahlen.

3 Natrium

Natrium (Na) - etwa 200 Gramm unseres Körpers besteht daraus – ist ein Element, das zusammen mit Chlor als Kochsalz in vielen Lebensmitteln enthalten ist.

Natrium hat u. a. zusammen mit Kalium wichtige Bedeutung für das Konzentrationsgefälle in den Nervenzellen, die Aufnahme und den Transport von Nährstoffen, die Regulation des Wasserhaushaltes und des Säure-Basen-Gleichgewichtes. Natrium ist in allen salzigen Speisen enthalten, deshalb nimmt man eher zu viel Natrium zu sich. Der Natriummangel spielt also keine Rolle.

Kochsalz ist die Quelle für Natrium und Chlor. Seine Aufgaben sind vielfältig: es soll die Gewebespannung erhalten, den Wasserhaushalt regulieren. Chlorid ist ein wesentlicher Bestandteil der Salzsäure im Magen und Natrium aktiviert Enzyme.

Wir erhalten es aus dem Salzstreuer, aber vor allem aus Wurst, Käse, Brot, Salzgebäck, Fischkonserven und anderen Würzmitteln.

Mangelerscheinungen sind äußerst selten. Ihre Anzeichen wären niedriger Blutdruck und Muskelkrämpfe. Eher besteht die Gefahr einer Überversorgung, und eine solche kann bei entsprechender Veranlagung zu Bluthochdruck führen

Einst war Salz ein wichtiges Wirtschaftsgut. Heute kennt, isst und verwendet es jeder. Unsere Meere enthalten Unmengen an Salz. Es reicht aus den Meeresgrund mit einer fast 50 Meter dicken Kruste aus Salz zu bedecken. Meteoriten bringen täglich 300 Kilogramm Natrium, entsprechend einem Anteil von 750 Kilogramm Salz.

In einem Märchen vertreibt der König seine jüngste Tochter, nachdem sie ihm gesagt hat, sie habe ihn so lieb wie Salz. Erst als daraufhin im Reich alles Salz und damit auch der Geschmack in den Mahlzeiten verschwinden und als Mensch und Vieh krank werden, sieht der König seinen Fehler ein.

Steinsalz ist vor Millionen vor Jahren durch Austrockenen von Meeren entstanden und wird in Salzbergwerken abgebaut. Es ist wertvoller als Kochsalz: das herkömmliche Kochsalz durchläuft einen chemischen Raffinierungsprozess, in dem fast alle, auch die für den Körper bedeutsamen Elemente, herausgefiltert werden. Lediglich Natrium und Chlor sind also noch enthalten. Raffiniertem

Salz fehlen damit Mineralstoffe wie z. B. Calcium, Magnesium, Kalium, Eisen, Zink.

Meersalz ist aus dem Meer gewonnenes Salz. Darin sind noch geringe Mengen anderer Bestandteile erhalten, z. B. Kalium, Magnesium und das essentielle Spurenelement Mangan.

Siedesalz (= Kochsalz) wird aus Natursole, das heißt durch Erhitzen von Meerwasser oder durch Bohrlochsolungen gewonnen. Dabei wird Wasser unter hohem Druck in unterirdisches Salzgestein gepresst. Das Salz löst sich dabei auf, die entstehende Salzsole wird zutage gefördert und eingedampft.

Auch heute noch ist Salz unser wichtigstes Würzmittel. Hinter dem Mineral steckt allerdings viel mehr als nur ein simples Küchengewürz. Salz ist lebenswichtig für unseren Körper, wobei die Dosis außerordentlich wichtig ist. Keine Zelle unseres Körpers könnte ohne Salz existieren: das Herz könnte nicht schlagen, alle Nerven wären lahmgelegt, Blutzirkulation, Stoffwechsel, Muskeltätigkeit, Verdauung und Ausscheidungen wären unmöglich, da Natrium den Wasserhaushalt, die Reizübertragung von Muskel- und Nervenzellen regelt und viele Stoffwechsel-vorgänge aktiviert. Chlorid ist unter anderem ein wichtiger Bestandteil der Verdauungssäfte. Es ist an Bildung von Salzsäure im Magen entscheidend beteiligt. Jener Säure, die als Komponente des Magensafts Proteine aus der Nahrung aufspaltet und unerwünschte Mikroorganismen unschädlich macht.

Eine zu hohe Dosis ist schädlich für den Körper und wird von diesem als aggressives Zellgirft identifiziert. Allerdings ist es nicht mehr so selten wie ehemals, deshalb machen wir auch ordentlich Gebrauch davon. Gleichzeitig wird vor dem Gesundheitsrisiko durch salziges Essen gewarnt. Zu hoher Salzkonsum kann Nieren und Herz schädigen. Salz kann dann für verschiedene Gesundheitsstörungen, wie Cellulite, Rheuma, Nieren- und Gallensteine verantwortlich sein.

Natriumchlorid, bekannt als Kochsalz, ist ein wichtiger Mineralstoff für unseren Körper. Wir benötigen knapp 1,5 Gramm Kochsalz pro Tag, um den Verlust auszugleichen, der unter anderem durch die Ausscheidung über den Urin entsteht. Täglich aber essen Deutschlands Männer 9,0 Gramm, deutsche Frauen 6,5 Gramm Salz.

Etwa 80 Prozent der täglichen Salzzufuhr stammem aus verarbeiteten Lebensmitteln und nicht aus dem Salzstreuer. Die Hauptquellen sind Brot und Brötchen. Durch ihren Verzehr wird dem menschlichen Körper über ein Viertel des gesamten Salzanteils zugeführt. Bei Fleisch- und Wurstwaren sind es zwischen 15 und 20 Prozent. Durch Milchprodukte und Käse 10 Prozent.

Salz regelt den Wasserhaushalt und die Gewebespannung und ist die Grundlage für die Erregbarkeit von Nerven und Muskeln. Als Mineralstoff spielt Salz eine wichtige Rolle beim Knochenbau und bei der Verdauung. Es ist also unentbehrlich für unseren Körper. Da er es nicht bilden kann, müssen wir es mit der Nahrung aufnehmen.

Hormone regeln den Salzgehalt im menschlichen Körper. Überflüssiges Salz wird ausgeschieden, was auf Dauer zur Belastung der Nieren führt und zudem von erheblichem Wasserverlust begleitet ist.

Ernährungswissenschaftler empfehlen die Aufnahme von maximal 5 Gramm pro Tag. Da aber in Lebensmitteln wie Brot, Käse, Wurstwaren und insbesondere in Fertiggerichten viel Salz enthalten ist, wird diese Menge meistens überschritten. Je mehr Salz im Körper vorhanden ist, desto höher muss auch die zur Verfügung stehende Flüssigkeitsmenge im Körper sein. Derart besteht ein Zusammenhang zwischen Salzgehalt und Blutdruck. Allerdings ist der Zusammenhang nicht ganz einfach: trinkt man nämlich zu wenig, so entsteht ein Wassermangel im Körper, und dieser führt zu Gefäßverengungen, was den Blutdruck steigen lässt.

Andererseits wiederum konnten Blutdruckpatienten in verschiedenen überwachten Experimenten durch salzarme Ernährung nachweislich ihren Blutdruck senken.

Neben dem Salzkonsum sind weitere Faktoren, nämlich die Ernährung – ihre Art, Zusammensetzung und Menge – und das Bewegungsverhalten ausschlaggebend für den Blutdruck. Gegebenenfalls der Alkohol- und Nikotinkonsum. Dieser wird auf vergessen oder einfach weggelassen.

Übertreibt man den Salzkonsum, kann Salz sogar toxische Wirkung entfalten. Ursache ist die *Osmose*: Biologische Wände, wie zum Beispiel die Zellwände des menschlichen Körpers, bilden für verschiedene Teilchensorten (= Molekülsorten; zum Beispiel die leichten Moleküle des reinen Wassers oder die schwereren Moleküle einer Kochsalzlösung) verschiedene Widerstände. So können zwar Wassermoleküle solche Membranen passieren, Kochsalzmoleküle hingegen nicht. Ein Konzentrationsunterschied von Wasser und Kochsalz in einer Zelle, der durch Aufnahme von Salz (Essen salzreicher Kost) in dieser Zelle entstanden ist, wird durch das Eindringen von Wasser in diese Zelle ausgeglichen. Makroskopisch sichtbar z. B. im Anschwellen der Beine, Finger etc.

Manche Teile enthalten also zu viel Salz und damit zu viel Wasser, andere Teile (außerhalb der Zelle) kein oder wenig Salz und wenig Wasser. Um die unterschiedliche Wasserverteilung auszugleichen, wird anderen Zellen Wasser entzogen, was langfristig gesundheitschädlich ist.

Bei großen Salzmengen kann es zu Durchfall und Erbrechen kommen, sogar zum Tod infolge von Herz- und Atemstörungen. Allerdings müsste ein Erwachsener dafür innerhalb eines Tages mehr als zehn Esslöffel Salz zu sich nehmen. Eine zufällige Vergiftung ist also nicht denkbar. Gefährlicher ist es allerdings, wenn Säuglinge oder Kleinkinder zu viel Salz zu sich nehmen, denn bei ihnen können bereits geringe Dosen zu Durchfällen oder gar Vergiftungen führen.

Ein gesunder Erwachsener wird die Salzzufuhr im Körper durch die Aufnahme von Wasser ausgleichen: etwa 100 ml müssen getrunken werden, um 1 g Kochsalz auszuspülen.

Unser Körper benötigt jedenfalls Salz, darum dürfen wir nicht vollständig darauf verzichten, allerdings wird übermäßiger Verzehr die Gesundheit schädigen. Auch beim Salzkonsum ist also die Verhältnismäßigkeit entscheidend, und deshalb ist Augenmaß gefragt.

Wer unsicher ist und genau wissen möchte, wieviel Salz er zu sich nimmt, sollte selbst kochen. Insbesondere Fertiggerichte enthalten nämlich viel verstecktes Salz. Ab 2016 muss deshalb bei fast allen Lebensmitteln der Salzgehalt in der Nährwertkennzeichnung angegeben werden. Er bestimmt sich übrigens aus dem Natriumwert – sofern dieser angegebenen ist – multipliziert mit 2,54.

Jede Natriumaufnahme wirkt auf den Blutdruck und ist damit ein Risikofaktor für das Entstehen von Herz-Kreislauf-Erkrankungen.

Mit dem Natrium, das über den Urin ausgeschieden wird, wird überdies entsprechend viel Calcium ausgeschieden, da die Abgabe über die Niere gekoppelt ist.

Mit dem Calciumverlust aber steigt die Neigung zur Osteoporose (Verringerung der Knochendichte und damit Gefahr von Knochenbruch).

4 Magnesium

Magnesium – ca. 30 Gramm – ist einer der wichtigsten Mineralstoffe für unseren Körper. Es ist Bestandteil von *Knochen*, *Zähnen*, zahlreichen *Enzymen* und energiereichen Phosphat-verbindungen. Magnesium dient etwa 300 verschiedenen Proteinen als Cofaktor, vor allem bei ATP- und Nukleinsäure-bindenden Enzymen. Die Risikogruppen für einen Magnesium-mangel sind vielfältig, vor allem sind jüngere Menschen und Senioren betroffen. Typische Mangelerscheinungen sind Funktionsstörungen der Herz- und Skelettmuskulatur, sowie Krämpfe.

Der Mineralstoff Magnesium ist lebenswichtig, kann aber, wie andere Mineralstoffe, vom Körper nicht selbst hergestellt werden. Deshalb muss Magnesium in ausreichender Menge mit der täglichen Nahrung zugeführt werden. Je nach Alter betragen die Magnesium-Zufuhrempfehlungen über die Nahrung 300 bis 400 mg täglich. Vom Magnesium in der Nahrung kann der Körper ca. 20 bis 30 Prozent in das Blut aufnehmen und dort speichern. Der Rest wird über den Stuhl ausgeschieden. Die Aufnahme des Magnesiums hängt u. a. davon ab, wie gut der Organismus bereits versorgt ist. So wird der Körper bei einem Magnesiummangel die Aufnahme steigern. Bei gut gefüllten Magnesiumspeichern hingegen wird er weniger aufnehmen. Auch hat die Magnesiummenge einen Einfluss auf die Aufnahme: aus kleinem Angebot wird relativ mehr Magnesium aufgenommen als aus großem.

Reich an Magnesium sind *Nüsse*, *Samen* oder *Schokolade*. Bei Schokolade ist der Kakaogehalt maßgeblich: je dunkler die Schokolade ist, umso höher ist ihr Magnesiumgehalt. Diese Lebensmittel sind allerdings sehr fettreich, die Menge sollte also ausgewogen sein.

Bei der Verarbeitung der Lebensmittel ist zu beachten, dass geschälter Reis nur noch sehr wenig Magnesium enthält, denn dieses steckt überwiegend in der Schale. Vollkornprodukte, Hülsenfrüchte oder ungeschälter Reis sind also an sich magnesiumreich, allerdings ist Magnesium aus solchen naturbelassenen Nahrungsmitteln für unseren Körper nicht optimal verfügbar, denn Phytinsäure, die im Korn enthalten ist, bildet mit Mineralstoffen unlösliche Verbindungen. So auch mit Magnesium (*Magnesium-Phytate*). Dieser derart gebundene Nährstoff wird vom Körper daher kaum aufgeschlossen und wird nicht verwertet. Hier beisst sich also sozusagen die Katze in den Schwanz.

Grünes Gemüse, Salat und Obst – also Lebensmittel, die bei einer ausgewogenen Ernährung eine wesentliche Rolle spielen – sind leider magnesiumarm.

Magnesium findet sich in Vollkorngetreideprodukten, Milch und Milchprodukten, Leber, Geflügel, Fisch, vielen Gemüsearten, Kartoffeln.

Maximalen Magnesiumgehalt haben Sonnenblumenkerne mit ca. 420 mg in 100 g essbarem Anteil, Mandeln mit 170, Walnüsse und Haferflocken mit ca. 130, unpolierter Reis mit 120, Weizenvollkornbrot mit 60, Marzipan 120 und Schokolade mit 40 % Kakaoanteil mit 100 mg Magnesium in 100 g Schokolade.

5   Phosphor

1669 entdeckte Hennig Brand, ein deutscher Apotheker und Alchemist den *Phosphor (P)*, ein nicht-metallisches Element, das anorganisch als Salz der Phosphorsäure (Phosphat) oder organisch als gebundenes, verestertes Phosphat vorkommt.

Diese ‚Leuchtende Masse' wurde zunächst als Zündmasse an Streichhölzern genutzt. Man entdeckte aber bald, dass das nicht ganz ungefährlich war, denn durch den Kontakt mit großen Phosphormengen hatten Arbeiter Vergiftungen erlitten.

Ende des 18. Jahrhunderts fand man Phosphor in den Knochen, wo es nach Calcium der häufigste Mineralstoff im Körper und lebenswichtiger Bestandteil ist. Organische Phosphorsäure-verbindungen gehören als Energieüberträger zu den wichtigsten Bausteinen aller lebenden Zellen.

Im Körper eines Erwachsenen findet man im Durchschnitt 600 bis 700 Gramm Phosphor. Rund 85 Prozent dienen dem Aufbau von Knochen und Zähnen. Der Rest befindet sich in der Muskulatur, im Gehirn, in den inneren Organen, sowie im Blut.

Phsophor ist neben Calcium das häufigste Mineral im Körper. Phosphate bilden zusammen mit *Calcium* das Hydroxalapatit als wichtigen Bestandteil von Knochen und Zähnen und sorgen für deren Festigkeit.

Im Blutplasma wirkt es als Puffer und beteiligt sich am Säure-Basen-Haushalt. Phosphate sind an nahezu allen Lebens-vorgängen, beispielsweise am Stoffwechsel von Kohlenhydraten, Fetten und Eiweißen beteiligt.

Neben den wichtigen Funktionen im Knochenstoffwechsel wird Phosphat besonders für den Energiestoffwechsel als direkte Energiequelle für alle Zellvorgänge benötigt, beispielsweise für den Aufbau von Zellwänden. Phosphor spielt damit auch eine wichtige Rolle bei der Energiegewinnung, der Energiespeicherung und der Energiebereitstellung.

Phosphatgruppen sind Bestandteile von Nukleotiden, Phosphate also Bausteine der DNS und RNS und zudem Bestandteile von Enzymen.

Phosphor kommt in nahezu allen Lebensmitteln vor. Mangelerscheinungen sind bei vernünftiger Ernährung bei Erwachsenen daher kaum zu erwarten. Medizinische Ursachen eines Phosphormangels können Störungen der Nierenfunktion, eine Überfunktion der Nebenschilddrüsen und ein Vitamin D-Mangel sein.

Besonders gute Phosphor-Quellen sind eiweißhaltige Produkte, Nüsse, Hülsenfrüchte, Obst und Gemüse.

Phosphor kommt in vielen Lebensmitteln in größeren Mengen vor, beispielsweise in Getreide, Leber, Fleisch, Fisch, Milch, Käse, Eiern, Brot und Hülsenfrüchten. Relativ wenig Phosphor liefern Obst und Gemüse. Vielen Lebensmitteln wird bei der Zubereitung Phosphat zugesetzt.

Unter den Lebensmitteln enthalten beispielsweise 100 Gramm Weizenkeime 1100 mg Phosphor, Schmelzkäse (45 % Fett) 950 mg, Emmentaler Käse 850 mg, Kakaopulver 750 mg, Linsen 400 mg.

Der Tagesbedarf an Phosphor wird von der *Deutschen Gesellschaft für Ernährung e. V.* bei Erwachsenen auf täglich 700 mg geschätzt. Schwangere und stillende Frauen sollten mit 800 mg Phosphor etwas höhere Mengen zuführen. Der tägliche Bedarf hängt von vielen individuellen Faktoren ab. Dabei spielt die Aufnahme von Calcium und Vitamin D eine wichtige Rolle.

Da unsere Nahrung genügend Phosphor enthält und dieser außerdem aus den Knochen freigesetzt werden kann, gilt sein Bedarf im allgemeinen als gedeckt.

Der Bedarf an Phosphor ist an Calcium gebunden. Unsere übliche Ernährung liefert in der Regel aber mehr Phosphor als Calcium. Ernährungsfachleute empfehlen daher oft, die Aufnahme von Phosphor zugunsten der von Calcium zu senken bzw. mit mehr Milch und Milchprodukten die Aufnahme von Calcium zu erhöhen.

Im Durchschnitt werden, abhängig vom Bedarf, etwa 70 Prozent des aufgenommen Phosphats im Darm resorbiert. Dies wird durch Vitamin D und Parathormon gefördert, ein Hormon, das von den Nebenschilddrüsen gebildet wird.

Abhängig von der Aufnahmemenge wird entsprechend viel Phosphat ausgeschieden.

Ein Mehrbedarf an Phosphor besteht bei chronischem Alkoholismus und bei Malabsorption von Phosphor, also bei schlechtem physiologischem Wirkungsgrad des Körpers.

Abhängig vom Angebot und Lebensalter reguliert die Niere die Serum-Phosphatspiegel des Körpers. Bei einem Überangebot an Phosphor werden unbenötigte Mengen ausgeschieden. Bei hoher Calciumzufuhr kann es zur chemischen Komplexbildung kommen, was die Resorption von Phosphor hemmen kann. Die Verfügbarkeit von Phosphor aus Getreide kann durch Bindungen an die Phytinsäure gesenkt werden. Trotz solcher möglicher Beeinträchtigungen der Resorption sind ernste Mangelzustände an Phosphor praktisch nicht bekannt. Allenfalls durch Malabsorption oder chronischen Alkoholismus können Phosphatmängel vorhanden sein. Als Folge davon können Blutzellen (Erythrozyten und Leukozyten) beeinträchtigt werden.

Bei Phosphatmängeln können Knochenkrankheiten entstehen, wie beispielsweise die *Osteomalazie*, eine Störung des Knochenstoffwechsels, die zu einer Demineralisation und damit zur Erweichung der Knochen führt. Dabei wird die Mineralisierung des Knochens gestört, während die Knochengrundsubstanz ungestört bleibt, die Knochenmatrix, jene von den Osteoblasten gebildete organische Grundsubstanz, die den Aufbau des Knochens bestimmt.

Bei Kindern bezeichnet man dieses Krankheitsbild als *Rachitis*.

Es können sich periphere Neuropathien und Störungen des zentralen Nervensystems entwickeln. Sehr selten kann es in der Folge von Phosphat-abhängigem Diabetes zu einer *Hypophosphatämie* (ein erniedrigter Phosphatspiegel im Blut) kommen.

Bei der Aufnahme erheblicher Mengen von Phosphaten hingegen wird im Gegenzug die Aufnahme von Calcium in den Körper behindert und damit der Calcium-Stoffwechsel gestört. Als Folge kann der Knochenaufbau beeinträchtigt werden und es kann sich sogar eine Osteoporose entwickeln.

Im Darm kann es bei der Zufuhr einer Menge von mehr als täglich 2 Gramm Phosphor zu Durchfällen (*Diarrhoe*) kommen.

Erfolgt dies über längere Zeit hindurch, so kann sogar die Nierenfunktion eingeschränkt werden.

Hinweise, dass Phosphat eine Hyperaktivität von Kindern verursacht, sind bisher nicht bewiesen und daher umstritten.

Unerwünscht hohe Wirkungen durch Phosphor sind nur bei extrem hohen Zufuhren bekannt.

Phosphormängel führen zu körperlicher Schwäche und sind in unseren Breiten praktisch nicht bekannt. Ergänzende Gaben zur Vorbeugung vor Mangelzuständen sind daher in der Regel nicht erforderlich. Dieser Mineralstoff ist daher auch in den Formeln vieler Multi-Mineralstoff-Präparaten entweder nicht enthalten oder nur in recht geringen Mengen zugesetzt.

Zu therapeutischen Zwecken wird Phosphor ebenfalls nur selten gegeben.

6 Schwefel

Der Mineralstoff *Schwefel (S)* ist seit dem Altertum bekannt. Schon im späten Mittelalter wurden Schwefelverbindungen verwendet, um Nahrungsmittel haltbar zu machen. Schwefel spielt eine bedeutende Rolle im Eiweißstoffwechsel und bei der Entgiftung. Er ist Bestandteil der Aminosäuren Cystein und Methionin sowie der B-Vitamine Biotin (Vitamin B7) und Thiamin (Vitamin B1).

Zudem kommen die 200 Gramm Schwefel unseres Körpers in mehreren Substanzen vor, z. B. im Heparin und im Koenzym A.

Normalerweise wird Schwefel in ausreichender Menge über die Nahrung aufgenommen. In den meisten eiweißhaltigen Lebensmitteln kommt Schwefel vor, da zwei häufige Aminosäuren (Zystin, Methionin) schwefelhaltig sind. Besonders eiweißhaltige Produkte sind Eier, Milch, Fisch, Fleisch und Nüsse. Besonders schwefelhaltigen Pflanzen sind Knoblauch, Bärlauch und Zwiebeln.

Schwefel ist für alle Organismen von essentieller Bedeutung. Der Körper benötigt ihn für viele lebenswichtige Funktionen um Zellen und Gewebe aufzubauen oder zu reparieren, das Immunsystem zu stärken und um Hormone und Enzyme herzustellen.

In den Verbindungen *Sulfid* und *Sulfat* ist Schwefel Baustoff für die beiden Aminosäuren *Cystein* und *Methionin*. Sulfid ist das Salz des Schwefelwasserstoffs, Sulfat das Salz der Schwefelsäure. Sulfide und Sulfate entstehen, wenn sich Schwefelwasserstoff beziehungsweise Schwefelsäure mit einem Metall verbinden.

Ein bekanntes Beispiel für eine Sulfidverbindung ist der dunkle Überzug, der manchmal auf Silberbesteck zu finden ist. Dabei handelt es sich um Silbersulfid, das entsteht, wenn Sauerstoff und Schwefelwasserstoff mit Silber reagieren.

Angelaufenes Silberbesteck lässt sich mit Putzmitteln nur sehr mühsam reinigen – leichter geht es mit einer einfachen chemischen Reaktion! Füllen Sie eine Schale mit heißem Wasser und geben Sie etwas Salz und Aluminiumfolie hinzu. Legen Sie anschließend das angelaufene Silberbesteck in die Schale – nach wenigen Minuten verschwindet die Schwarzfärbung.

Cystein ist eine schwefelhaltige Aminosäure und Bestandteil von Proteinen. Mithilfe der Aminosäure Cystein kann der Körper besonders feste Strukturproteine bilden, die den Haaren, der Haut und dem Bindegewebe die notwendige Stabilität verleihen.

Wenn sich zwei Cysteinmoleküle über ihre Schwefelatome miteinander verbinden, entsteht zwischen den beiden Schwefelatomen eine Disulfidbrücke. Disulfidbrücken sind besonders stabil. Sie sorgen dafür, dass sich mehrere Aminosäuren nicht in Form einer langen linearen Kette aneinanderreihen. Vielmehr entstehen durch die starken Anziehungskräfte zwischen den Schwefelbrücken kleine Schleifen und Kurven in der Aminosäure. Dadurch erhalten Proteine eine dreidimensionale Struktur. Dieser Prozess der *Proteinfaltung* ist die Voraussetzung für das fehlerfreie Funktionieren der Proteine. Durch die Ausbildung von Disulfidbrücken zwischen zwei Cysteinen spielt das Cystin also eine entscheidende Rolle bei der räumlichen Struktur von Proteinen.

Methionin ist wichtiger Bestandteil vieler schwefelhaltiger Proteine. Auch ist es ein Methylgruppen-Donator in verschiedenen Biosyntheseschritten, die zur Bildung von Cholin (ein semi-essentieller Nährstoff), Creatin (ein niedermolekularer Phosphatgruppen-Überträger im Energiestoffwechsel), Adrenalin (ein Neurontransmitter), Histidin (eine nicht-essentielle Aminosäure) und Nukleinbasen (Bestandteile der Nukleotide) führen.

Da Schwefel in sehr vielen Proteinen vorkommt, nimmt der Mensch über eiweißhaltige Nahrungsmittel ausreichender Mengen davon zu sich. Daher gibt es auch keine genauen Angaben über den empfohlenen Tagesbedarf an Schwefel.

Besonders viel Schwefel befindet sich in Eiern, Milch, Fisch, Fleisch und Nüssen. Auch in verschiedenen pflanzlichen Lebensmitteln ist Schwefel vorhanden, dort allerdings in geringerer Konzentration.

Veganer, die auf Eier, Milch und Fleisch verzichten, können ihren Schwefelbedarf über *Nüsse* oder *Samen*, *Kartoffeln* und *Hülsenfrüchte* decken. Auch *Knoblauch* und *Zwiebeln* sind reich an Schwefel.

7 Chlor

Das chemische Element *Chlor (Cl)* ist als Mineralstoff im menschlichen Körper mit einer Konzentration von mehr als 50 mg pro kg Körpergewicht enthalten. Daher bezeichnet man es als *Mengenelement*. Es gehört zu den sog. *Blutsalzen*, welche stets im Gleichgewicht sein sollten um ein optimales Arbeiten der Körperzellen zu gewährleisten.

Elementares reines Chlor ist sehr giftig. In der Natur kommt es aber nicht elementar, sondern nur gebunden in verschiedenen Verbindungen vor. Chlor geht häufig Verbindungen mit anderen Elementen ein. Deshalb finden sich im menschlichen Körper nur ungiftige negativ geladene Chlorid-Ionen.

Chlor ist ein essentiell wichtiger Mineralstoff, der nicht vom menschlichen Körper selbst hergestellt werden kann und somit über die Nahrung aufgenommen werden muss. Verbindungen des Chlors mit anderen Elementen dienen der Aufrechterhaltung zahlreicher Lebensfunktionen, z. B. der Erregungsleitung in den Nerven, auch des Herzrhythmus. Es ist an vielen zellulären Transportprozessen beteiligt, wozu es in relativ großer Menge im menschlichen Körper vorkommt. Es ist in den Zellzwischen-räumen zu finden, bei der Blut, der Hirn- und Rückenmarks-flüssigkeit, sowie der Lymphflüssigkeit. In Verbindung mit Kalium und Natrium regelt es den Wasser- und Elektrolythaushalt des Körpers.

Chlor hat, gemeinsam mit Natrium, hohe Bedeutung für das Säure-Basen-Gleichgewicht. Zusammen mit Wasserstoff geht es eine agressive Verbindung ein: Salzsäure, die sich als Magensäure im menschlichen Magen wiederfindet.

Chlor *(Cl)* gelangt in Verbindung mit Natrium *(Na)*, also als Natriumchlorid *(NaCl = Kochsalz)* mit der Nahrung, in den menschlichen Körper, mit Käse, Wurst, Fisch, Fleisch und Brot.

Für einen normalen Erwachsenen liegt der Mindestbedarf von Chlor bei etwa 750 mg/Tag.

Durch starkes Schwitzen, anhaltendes Erbrechen oder einen nicht funktionierenden Verdauungstrakt wird zuviel Chlor ausgeschieden, wodurch sich ein Chlor-Mangel ergeben kann. Dieser kann zu einer schlechten Verdauung, Muskelkrämpfen, Störungen der Herzfunktion oder sogar Hirnschwellungen führen, bis zum Tod.

Nimmt man hingegen zuviel Chlor zu sich, z. B. durch salzreiche Kost, so kann dies zu hohem Blutdruck führen – mit erhöhtem Risiko für Arteriosklerose, also Gefäßverkalkung, Herzinfarkte, Schlaganfälle.

Die größte Menge an Chlor gelangt duch die Aufnahme von Kochsalz in den menschlichen Körper. Vor allem über den Verzehr von *Käse*, *Wurst*, *Fisch*, *Fleisch* und *Brot*.

Ein Zuviel an Chlor, das durch eine zu salzreiche Ernährung zustande kommt, kann zu erhöhtem Blutdruck führen. Der tägliche Bedarf des Erwachsenen liegt bei ca. 800 mg.

Als negativ geladenes Anion spielt Chlor zusammen mit Natrium eine wesentliche Rolle bei der Herstellung des osmotischen Gleichgewichts zwischen dem Innen- und dem Außenbereich der Zellen. An der Harnproduktion sind viele verschiedene Stoff-transporte beteiligt. Daher spielt dieses Gleichgewicht eine große Rolle beim zellulären Stofftransport und der Nierenfunktion.

Störungen im Chlorhaushalt können durch Erbrechen, durch Durchfälle und Erkrankungen des Verdauungstraktes zustande kommen.

Durch eine ausgewogene Ernährung kann einem Chlormangel effektiv vorgebeugt werden. Es ist wichtig, Mineralstoffverluste durch entsprechende Trinklösungen auszugleichen.

Störungen im Chlorhaushalt sind selten und resultieren meistens aus Erkrankungen des Verdauungstraktes. Dann kann es durch starkes und häufiges Erbrechen sowie wässrige Durchfälle zu einem Chlorverlust kommen. Auch schwere Infektionen oder eine gestörte Nierenfunktion können zu einem Ungleichgewicht im Mineralstoff- und Säure-Basen-Haushalt mit Chlormangel führen.

Ein Ungleichgewicht muss früh diagnostiziert und entsprechend behandelt werden – durch die Behandlung der Grunderkrankung und Kochsalzinfusionen.

Bei der Verursachung eines Chlorüberschusses spielen Medikamente, wie z.B. Carboanhydrasehemmer, eine Rolle. Auch die übermäßige Zufuhr von Kochsalz in Form von Infusionen im Rahmen von medizinischen Therapien kann den Chlorspiegel im Blut erhöhen. Ein Überschuss an Chlor verursacht in den meisten Fällen keine Beschwerden und kann sich in Form eines verstärkten Durstgefühls oder einer Muskelschwäche bemerkbar machen.

In der heutigen Zeit ist die Kochsalzzufuhr in der Ernährung meist erhöht, so dass Mangelzustände von Chlor eher selten auftreten und wenn, dann meist durch Erkrankungen entstanden sind.

Bei Menschen mit einer guten Nierenfunktion kommen Über-dosierungen von Chlor kaum vor, da Überschüsse durch die Nieren ausgeschieden werden.

8 Eisen

Der Mineralstoff *Eisen (Fe)* ist das Spurenelement, das im mensch-lichen Körper am häufigsten vorkommt. Die Zufuhr von Eisen ist insbesondere für die Aufrechterhaltung verschiedener Stoff-wechselvorgänge unverzichtba: insbesondere für Sauerstoff-transport und Blutbildung, auch als Bestandteil von Enzymen.

Eisen als Bestandteil des roten Blutfarbstoffs, des Hämoglobins, dem Farbstoff in den roten Blutkörperchen, ist für den Sauerstofftransport im Körper verantwortlich. Eisen kommt zudem im *Myoglobin*, im Protein der Muskeln, sowie in der Leber vor. Etwa zwei Drittel des Körperbestandes an Eisen sind im Hämoglobin gebunden. Weitere 20 % befinden sind in den Eisenspeichern, vor allem dem Ferritin. In der Muskulatur dient Eisen der Speicherung von Sauerstoff. Es spielt außerdem eine wichtige Rolle für die Energiebereitstellung in der Zelle und ist an der Bildung von Hormonen und verschiedenen Botenstoffen beteiligt. Zudem ist es für den Sauerstofftransport im Körper verantwortlich.

Die Eisenaufnahme erfolgt vorwiegend im Zwölffingerdarm und im anschließenden Dünndarm. Nach der Aufnahme von Eisen aus der Nahrung, wird das Spurenelement entweder in der Darmwand gespeichert oder an das Blut abgegeben.

Herrscht aber ein Eisenmangel vor, so wird die Bildung von Hämoglobin beeinträchtigt. Die Folge davon ist eine Blutarmut (*Anämie*); der Körper wird so schlechter mit Sauerstoff versorgt, was zu erheblichen Beeinträchtigungen führen kann.

Eisenmangel ist der weltweit wichtigste Nährstoffmangel. Die Symptome können sehr unterschiedlich ausfallen. Während die einen über Kopfschmerzen, Müdigkeit und allgemein fehlende körperliche und psychische Leistungsfähigkeit klagen, sieht man es den anderen an: Blässe, Haarausfall, Rillen in den Fingernägeln sowie Risse in den Mundwinkeln machen sich bemerkbar.

Bei den ersten Anzeichen sollte ein Arzt aufgesucht werden, der eine medikamentöse Behandlung verordnen kann.

Achtung: Eisenpräparate sollten nur in einem festgelegten Zeitraum eingenommen werden.

Eisen kann nur durch die Nahrung aufgenommen werden. Der Verzehr von eisenreichen Lebensmitteln kann die Eisenversorgung daher schon im Vorgriff verbessern.

Frauen sollten auf Grund der Menstruationsblutung mehr Eisen als Männer zu sich nehmen (Männer 10 mg, Frauen bis zu 15 mg pro Tag). Vor allem Schwangere haben einen erhöhten Bedarf und sollten täglich bis zu 30 mg Eisen zu sich nehmen. Für Kinder in der Wachstumsphase ist die Aufnahme besonders wichtig: Bis zu 12 mg Eisen täglich sind empfehlenwert. Eisen ist enthalten in *Fleisch*, *Brot*, *Wurstwaren* und *Gemüse*. Eisen aus tierischen Lebenmitteln wird vom Körper leichter aufgenommen als von pflanzlichen Lebensmitteln. Viel Eisen ist in Vollkornprodukten, Fleisch, Wurst, Hülsenfrüchten und grünen Gemüsen enthalten.

Besonders Vegetarier oder Veganer sollten auf eine ausreichende Versorgung mit Eisen achten. Spinat, Bohnen, Erbsen und Wirsing eignen sich besonders zum Verzehr. Vitamin C, Fruktose und einige Aminosäuren verbessern die Aufnahme von Eisen. Dagegen wird diese durch Gerbsäuren in Kaffee und Tee behindert.

Die tatsächliche Aufnahme eines Stoffes aus der Nahrung ist allerdings stets von seiner Bioverfügbarkeit im jeweiligen Lebensmittel abhängig. Das gilt auch für das Eisen. *Bioverfügbarkeit* ist das Maß, in dem der Körper das in der Nahrung vorliegende Eisen aufnehmen und verwerten kann.

Biochemisch unterscheidet man zwischen zwei- und dreiwertigem Eisen. Zweiwertiges Eisen, das als Bestandteil des Blutfarbstoffs nur in Fleisch und Fisch vorkommt, besitzt mit 15 - 35 % eine höhere Bioverfügbarkeit, als das dreiwertige Eisen (etwa 2 – 20 %), das sowohl in pflanzlichen als auch in tierischen Lebensmitteln enthalten ist.

Mangelerscheinungen an Eisen zeigen sich in Abgeschlagenheit, Erschöpfung, Blutarmut (*Anämie*), Störung der Wärmeregulation des Körpers und erhöhter Infektanfälligkeit.

Beispielsweise wird mit einer vegetarisch-veganen Kost nur wertloseres dreiwertiges Eisen zugeführt. Dessen Aufnahme kann durch fördernde und hemmende Substanzen gesteigert oder auch verringert werden.

In pflanzlichen Lebensmitteln wirken Phytate am stärksten hemmend auf die Eisenaufnahme. Phytate sind sekundäre Pflanzenstoffe, die vor allem in Getreide, Hülsenfrüchten und Nüssen vorkommen.

Die Verfügbarkeit von dreiwertigem Eisen aus pflanzlichen Lebensmitteln kann bereits durch kleine Mengen an Vitamin C (Ascorbinsäure) oder anderer organischer Säuren aus Obst, Gemüse oder Sauerkraut (z. B. Milchsäure) um das 2 – 4fache gesteigert werden.

Bei vegetarisch-veganer Kost werden bis zu 10 % des Eisens vom Körper aufgenommen. Bei einer Mischkost bis fast zu 20 %. Allerdings kann der Organismus die Aufnahme bei schlechter Versorgungslage oder erhöhtem Bedarf – beispielsweise in der Schwangerschaft – auf bis zu 40 % steigern.

Bei übermäßiger Zufuhr von Eisen hingegen ist eine verstärkte Ausscheidung nicht möglich.

Pflanzliche Lebensmittel können deutlich zur Eisenversorgung beitragen, insbesondere Hülsenfrüchte, Ölsamen (auch z. B. Tahin = Sesammus), Nüsse, Vollgetreide, verschiedene Gemüsearten (z. B. Fenchel, Feldsalat, Rucola, Zucchini, grüne Erbsen) und Trockenfrüchte (z. B. Pfirsich, Aprikosen, Datteln).

Auch Spinat enthält relativ viel Eisen (etwa 4 mg/100 g Rohware), das aber nur zu einem geringen Teil (etwa 2 - 5 %) aufgenommen wird. Anders als früher vermutet, sind für die geringe Verfügbarkeit nicht die ebenfalls im Spinat enthaltene Oxalsäure, sondern der Gehalt an Calcium und Polyphenolen verantwortlich. Da Spinat jedoch meist zusammen mit anderen Lebensmitteln verzehrt wird, erhöht sich die Eisenverfügbarkeit, so dass Spinat gut zur Eisenversorgung beiträgt.

Kombinieren eisenhaltiger Lebensmittel mit fördernden Substanzen optimiert also die Eisenaufnahme. Beispielsweise Orangensaft (Vitamin C) zum Haferflockenmüsli (Eisen) oder Rohkostsalat zum Vollkornbrot.

Getreide (Eisen) mit Gemüse (Vitamin C, organische Säuren) stellt ohnehin die Grundlage vieler fleischfreier Rezepte dar.

Lebensmittel haben unterschiedlichen Eisengehalt.

Nachfolgend mg Eisen/100 g Lebensmittel:
Amarant 9; Hirse, Korn 7; Haferflocken, Vollkorn 4,5; Weissbrot 0,7; Spinat (roh) 4; Fenchel (roh) 2,7; Pfirsich 6,5; Linsen (getrocknet) 8; Tofu 5; Kürbiskerne 12; Sesamsamen 10, Pistazien 7, Sonnenblumenkerne 6

Frauen haben aufgrund der Blutverluste durch die Menstruation grundsätzlich einen höheren Eisenbedarf als Männer. Empfohlen wird für Frauen im gebärfähigen Alter eine tägliche Eisenzufuhr von 15 mg, für Schwangere 30 mg und für Stillende 20 mg. Die Empfehlung für Männer ab 19 Jahren beträgt 10 mg pro Tag. Frauen nach den Wechseljahren können ihren Eisenbedarf ebenfalls mit einer täglichen Zufuhr von 10 mg decken.

Die Eisenversorgung kann über die Messung von Serum-Eisen, Ferritin (Eisenspeicher), Transferrin (Eisentransport), die Transferrin-Sättigung (sie wird berechnet aus Serum-Eisen und Transferrin) und Hämoglobin (Blutfarbstoff) im Blut bestimmt werden. Serum-Eisen allein ist nicht aussagekräftig. Deshalb muss man es im Verbund mit Hämoglobin, Ferritin und der Transferrin-Sättigung bestimmen lassen.

Bei Eisenmangel sind Serum-Eisen, Ferritin, Transferrin-Sättigung und Hämoglobin erniedrigt und Transferrin erhöht.

Nach neuen Erkenntnissen werden Werte des Eisenspiegels im unteren Normbereich als gesundheitsfördernd eingestuft, da eine hohe Eisenspeicherung das Risiko für Erkrankungen wie Atherosklerose, Herz-Kreislauf-Erkrankungen und Krebs erhöht.

Eisenmangel ist laut Weltgesundheitsorganisation (WHO) der weltweit häufigste Nährstoffmangel. Schwerer Eisenmangel führt zur Blutarmut (Anämie). Besonders Schwangere, Säuglinge, Kinder und Jugendliche sind häufig von Eisenmangelanämien betroffen. In den so genannten Entwicklungsländern sind es etwa 50 % der schwangeren Frauen und 40 % der Kinder unter 15 Jahren. In den Industrienationen bei beiden Gruppen je etwa 20 %.

Ein klinischer Eisenmangel in Form einer Anämie kommt in den Industrieländern also eher selten vor. Häufig sind dagegen leichte Eisenmangelzustände mit unspezifischen Symptomen wie Erschöpfung, Kopfschmerzen und allgemeiner Abgeschlagenheit.

Bei entleerten Eisenspeichern und daher niedrigen Hämoglobinwerten sollte unter ärztlicher Anleitung eine vorübergehende Verwendung von Eisenpräparaten erwogen werden. Eine prophylaktische Einnahme von Eisenpräparaten ist nicht zu empfehlen.

Die *Eisenzufuhr* von vegetarisch und insbesondere vegan lebenden männlichen Erwachsenen ist meist genau so hoch wie die von Nichtvegetariern und liegt sogar gelegentlich darüber. Vegetarisch-vegan lebende Kleinkinder und Frauen hingegen erreichen die Zufuhrempfehlungen nicht immer.

Die *Eisenspeicher* von Vegetariern und Veganern liegen fast immer niedriger als bei Nichtvegetariern, jedoch im unteren Normbereich. Ursache ist vor allem die geringere Bioverfügbarkeit von pflanzlichem Eisen.

Unabhängig von der Ernährungsweise sind Frauen wesentlich häufiger von Eisenmangel betroffen als Männer. In der Deutschen Vegan-Studie wiesen die untersuchten Veganerinnen etwa viermal so häufig einen leichten Eisenmangel (= zu niedrige Eisenspeicherwerte) auf wie die Durchschnittsbevölkerung. Manche Studien kommen zu dem Ergebnis, dass die Höhe der menstruellen Blutverluste und nicht die Ernährungsweise der entscheidende Einflussfaktor für den Eisenstatus waren.

Insbesondere Vegetarierinnen und Veganerinnen sollten ihren Eisenstatus regelmäßig überprüfen lassen.

Zusammenfassend ist festzustellen, dass Eisenmangel in den westlichen Industrieländern bei vegetarisch und nicht vegetarisch lebenden Menschen gleich häufig vorkommt. Frauen im gebärfähigen Alter haben unabhängig von ihrer Ernährungsweise häufig eine unzureichende Eisenversorgung mit Eisen. Die Füllung der Eisenspeicher von Vegetariern und Veganern liegt meist im unteren Normbereich. Der Verzehr von eisenreichen Lebensmitteln und Lebensmitteln, die die Eisenaufnahme fördern, verbessert die Eisenversorgung. Vegetarier und Veganer sollten ihren Eisenstatus regelmäßig überprüfen lassen und bei festgestelltem Mangel vorübergehend Eisenpräparate verwenden. Eisen ist das Spurenelement, das der Körper am meisten benötigt. Deshalb ist eine eisenreiche Ernährung sinnvoll und lebenswichtig. Eisen aus tierischen Lebensmitteln wird besser vom Körper aufgenommen als solches aus pflanzlichen. Eine ausgewogene Ernährung aus Fleisch, Hülsenfrüchten, Gemüse und Volkornprodukten sind angemessen und wirken einem Mangel entgegen.

9 Jod

Jod (J) ist ein essentielles Spurenelement. Ob wir uns fit fühlen, leistungsfähig sind, ob Babys gesund zur Welt kommen und Schulkinder gut lernen – alles das hängt vom Jod ab.

Es steuert über die Produktion der Schilddrüsenhormone unter anderem den Stoffwechsel, den Energieumsatz, die Wärme-regulation und das Größenwachstum. Es ist bei der Bildung von Gehirn und Gehör beteiligt. Menschen und Tiere sind auf Jod angewiesen. Daher wird auch das Tierfutter zugunsten der Tiergesundheit mit Jod angereichert.

Jod ist ein wichtiger Baustein für die Bildung von Schilddrüsen-hormonen. Es wird aus der Nahrung zu rund 80 Prozent in die Schilddrüse aufgenommen und dort in die Hormone T3 (Trijodthyronin) und T4 (Thyroxin) eingebaut. Sie helfen den Stoffwechsel von Eiweißen, Kohlenhydraten und Fetten und sowie die Regulation der Körpertemperatur zu steuern. Sie beeinflussen die körperliche und geistige Entwicklung, das Wachstum, die Leistungsfähigkeit und Psyche. Neu ins Gespräch gekommen sind antioxidative Funktionen von Jod als Fänger für eine bestimmte Art Freier Radikale (Hydroxyl-Radikal). Möglich ist, dass Jod auf diese Weise auch Einfluss auf das Immunsystem, die Atherosklerose und Gefäßerkrankungen nimmt. Neben der Schilddrüse kommt Jod in geringen Mengen in den Muskeln, in der Galle, Hypophyse sowie in den Speicheldrüsen und Augen vor.

Der Zusatz von Jod in Salz wird heftig diskutiert. Kritiker sprechen von ‚Zwangsmedikation'. Aber ist die Kritik berechtigt? Jod kommt in heimischen Böden und Gewässern nur in sehr geringen Mengen vor. Trinkwasser, Böden und landwirtschaftliche Erzeugnisse weisen in den meisten Regionen Deutschlands nur sehr geringe Gehalte auf.

Laut WHO-Richtlinien ist Deutschland als Mangelgebiet klassifiziert, was eine freiwillige Jodierung von Speisesalz und Tierfutter bedingt. Die Versorgung hat sich seitdem zwar verbessert, jedoch liegt immer noch ein Jodmangel vor. Auch wer seine Nahrung frisch und vielseitig auswählt, liegt bei der Jodzufuhr deutlich unter den Empfehlungen.

Nutzpflanzen können zwar ohne Jod wachsen und gedeihen, reichern sich aber selbst kaum mit Jod an. Gemüse und Obst decken also nur etwa drei Prozent der

Jodversorgung ab. Vor allem Vegetarier und Veganer müssen daher auf ihre Jodversorgung achten.

Unsere Lebensmittel enthalten von Natur aus zu wenig Jod. Da es wasserlöslich ist, wird es mit Regenwasser oder über Flüsse aus Böden und Gesteinsschichten in Richtung Meer ausgewaschen. In Industriestaaten wie Deutschland steht heute zwar ein vielseitiges Angebot an Lebensmitteln zur Verfügung. Dennoch ist eine Unterversorgung an verschiedenen Vitaminen und Mineralstoffen nicht selten.

Tägliche Aufnahme von Milch und Milchprodukten, sowie gelegentlich Fleisch und Wurstwaren, verbessern die Jodbilanz. Aufgrund des Jodgehalts der Meere sind Seefische und andere Meerestiere oder -pflanzen wie Muscheln und Algen von Natur aus jodreich. Ein- bis zweimal wöchentlich sollte Seefisch auf dem Speiseplan stehen. Aber auch dann deckt eine abwechslungsreiche Ernährung ohne Jodsalz und damit hergestellter Produkte nur maximal die Hälfte der empfohlenen Tageszufuhr. Daher spielt die Verwendung von Jodsalz in allen Lebensmitteln und insbesondere in Fertigprodukten (egal ob Brot, Fertiggerichte, Wurst oder Käse) eine besondere Rolle. Schilddrüsen-gesündere Lebensmittel erkennt der Verbraucher an der Bezeichnung *Jodiertes Speisesalz* oder *Jodsalz* statt Speisesalz auf der Zutatenliste. Ernährungs-wissenschaftler und Mediziner raten seit vielen Jahren, auch zu Hause nur Jodsalz zu verwenden – nach dem Motto: wenn Salz, dann Jodsalz. Bei Jodmangel vergrößert sich die Schilddrüse (*Kropf*), während der Schwangerschaft kann bei Neugeborenen *Kretinismus* auftreten (Schwachsinn und Kleinwuchs).

Die Deutsche Gesellschaft für Ernährung empfiehlt Erwachsenen eine Menge von 150 - 200 μg pro Tag. Eine unvorstellbar geringe Menge, die jedoch in Deutschland nur von wenigen Menschen erreicht wird. Laut WHO ist die Mehrheit der Deutschen immer noch zu nur 70 Prozent am unteren Ende des Mindestbedarfs mit Jod versorgt, 30 Prozent liegen sogar darunter. Schwangere und Stillende haben einen höheren Tagesbedarf von 230, beziehungsweise 260 μg.

Rauchen vermindert übrigens die Jodaufnahme und auch einige Lebensmittel wie Kohl, Rettich, Mais oder Hirse führen zu einer verminderten Aufnahme von Jod. Deswegen sollten insbesondere Raucher auf ihre Jodzufuhr achten, und bei der Zubereitung von oben genannten Speisen sollte unbedingt Jodsalz verwendet werden.

Was aber sind die Jodquellen: *Seefisch, jodiertes Speisesalz* und mit Zugabe von Jodsalz hergestellte Lebensmittel (*Brot, Wurst, Käse*), *Milch* und *Eier* (bei entsprechender Fütterung).

Schellfisch, Hering und Thunfisch haben mit 100 bis 300 Mikrogramm pro 100 g Fisch den größten spezifischen Jodgehalt. Für Erwachsene ist die Zufuhrempfehlung pro Tag 200 Mikrogramm.

Tierische Produkte wie Eier, Milch- und Fleischprodukte enthalten nur dann in nennenswerter Menge Jod, wenn die Tiere mit jodiertem Futter versorgt wurden. Die Menge und Verwendung des zugesetzten Jods im Tierfutter ist jedoch gesetzlich nicht vorgeschrieben, sodass es den Landwirten freigestellt ist, ob sie jodiertes Futter verwenden oder nicht.

Untersuchungen zeigen, dass in Fleisch und Milchprodukten aus kontrolliert biologischer Landwirtschaft durchschnittlich weniger Jod enthalten ist als in tierischen Produkten aus konventioneller Landwirtschaft. Landwirtschaftliche Erzeugnisse, die von deutschen Böden geerntet werden, enthalten jedenfalls nur geringe Mengen Jod, die nicht ausreichend sind, um den Jodbedarf zu decken.

Neueste Studien zeigen, dass in den letzten Jahren wieder weniger Lebensmittel mit Jodsalz hergestellt werden (unter 30 %), sodass der Anteil der mit dem Spurenelement unterversorgten Bevölkerung zunehmen wird.

Ältere Leser erinnern sich vielleicht in ihrem Umfeld noch an Personen, die aufgrund einer vergrößerten Schilddrüse einen Kropf hatten, ausgelöst durch Jodmangel. Noch heute hat etwa 1/3 der deutschen Bevölkerung eine vergrößerte Schilddrüse. Bevor der Mangel zur Kropfbildung führt, gibt es allerdings Auswirkungen, wie eine verminderte Leistung des Gehirns, Fehlfunktionen der Schilddrüse. Entwicklungsstörungen bei Babys; bei Kindern Schwerhörigkeit, Kleinwuchs und geistige Defekte.

Die Folgen einer Überdosierung sind zunächst allergische Hautreaktionen infolge jodhaltiger Desinfektions- oder Röntgen-kontrastmittel. Eine Überdosierung jodhaltiger Medikamente oder ein zu häufiger und ausgiebiger Verzehr von jodreichen Meeres-algen kann bei langfristiger Überschreitung von 1000 g pro Tag zur Schilddrüsenunterfunktion, zu Morbus Basedow, Hashimoto-Thyreoiditis und akuter Blockade der Jodaufnahme in der Schilddrüse führen. Eine derartige Überdosierung von Jod ist eher unwahrscheinlich.

10 Fluor

Fluor (F) ist ein nicht-metallisches, gasförmiges und stark reaktionsfähiges Element aus der Gruppe der Halogene (Salzbildner).

Durch seine hohe Reaktionsfähigkeit kommt Fluor in der Natur nur chemisch gebunden vor, beispielsweise in den Mineralien Apatit, Kryolith und Topas oder als Spurenelement in pflanzlichen und tierischen Organismen.

In der Industrie verwendet man Fluorid u. a. zur Herstellung von Plastikstoffen. In der Medizin gibt es eine Reihe von Arzneimitteln, die Fluoride enthalten, dazu gehören Nebennierenrindenhormone und Antirheumatika. Für unsere Ernährung sind nur die anorganischen Verbindungen als Fluoride wichtig. Unser Körper enthält etwa 2 bis 5 Gramm Fluorid. Es gilt daher nicht als essentieller Stoff.

Fluorid hat viele wichtige Funktionen im Körper. 95 Prozent des im Körper vorhandenen Fluorids befinden sich in den Zähnen und in den Knochen. Geringe Mengen in der Haut, den Nägeln und Haaren. Fluorid wird in Apatit eingebaut und verstärkt dessen Kristallinität. Apatit härtet die Knochen- und Zahnstrukturen und trägt zu stabilen Geweben bei. Derart macht Fluorid den Zahnschmelz widerstandsfähiger gegenüber Angriffen von Säuren, die im Mund von Kariesbakterien gebildet werden. Ein erhöhter Fluoridgehalt im Speichel fördert außerdem die Remineralisation von kleineren Kariesschäden im Zahnschmelz und kann auch die Säurebildung in den Zahnbelägen hemmen. Für den essentiellen Bedarf an Fluorid sprechen Beobachtungen, dass ein Mangel in der Schwangerschaft und im ersten Lebensjahr von Säuglingen deren Wachstum verzögert.

Unsere Ernährung enthält nur wenig Fluorid. Daher wird empfohlen, Fluorid in geringen Mengen regelmäßig zu ergänzen. Zur Verfügung stehen Fluoridsalz und Fluoridtabletten. Für die äußerliche Anwendung an den Zähnen gibt es u. a. fluoridierte Zahnpasten und -gele.

Deutschland ist vorwiegend ein Fluoridmangelgebiet. Fluorid ist ebenso wie Jod aus den Böden und aus dem Gestein über die Nahrungskette nur in geringer Konzentration verfügbar. Der Fluoridgehalt ist daher in Lebensmitteln im allgemeinen sehr gering. Eine wichtige Quelle für Fluorid ist das Trinkwasser. In Deutschland enthalten aber 90 % aller Regionen weniger als 0,25 mg Fluorid pro Liter Wasser, also viel zu wenig, um den täglichen Bedarf zu sichern. Nur wenige Gebiete enthalten bis zu 0,7 mg Fluorid pro Liter Wasser oder mehr. Über die regionalen Werte geben die Gesundheitsämter und Wasserwerke Auskunft.

In der Nahrung enthalten Meeresfische und schwarzer Tee im Vergleich zu anderen Lebensmitteln relativ viel Fluorid. Schon ein Liter schwarzer Tee enthält 1 mg. Wegen der allgemein geringen, jedoch wünschenswerten höheren Zufuhr ist im Lebensmittel-handel mit Fluoriden (und mit Jod) angereichertes Speisesalz erhältlich. 1 Gramm fluoridiertes Salz ergänzt jeweils 0,25 mg Fluorid.

An Fluorid reiche Lebensmittel sind (mg F/100 Gramm) Ölsardinen (mit Gräten) 0,2 - 0,4, Huhn 0,06 - 0,1, Tee 0,01 - 0,42.

2 mg Fluorid sind enthalten in 1,5 kg Butter, in 6,5 kg Fisch, in 10 kg Obst oder Gemüse, in 20 kg Brot.

Der tägliche Bedarf an Fluorid ist vom Alter und Geschlecht abhängig. Die Deutsche Gesellschaft für Ernährung empfiehlt Werte von 0,25 bis zu knapp 4 mg Fluorid täglich. Im Alter von bis zu vier Monaten werden täglich 0,25 mg Fluorid empfohlen, bis zu vier Jahren sollten 0,7 mg, bis zu 10 Jahren 1,1 mg und bis zu 13 Jahren 2 mg aufgenommen werden. Erwachsene sollten täglich etwa 3,5 mg Fluorid zuführen. Enthalten sind alle Zufuhren aus der Nahrung, aus Trink- und Kochwasser und aus Fluorid-Ergänzungen.

Die Resorption von Fluoriden hängt davon ab, wie diese an die Nahrungsbestandteile gebunden sind. Die F-Aufnahme kann durch die Aufnahme größerer Mengen an Aluminium, Kalzium oder Magnesium behindert werden. Einige Länder setzen wegen der zu geringen Fluoridzufuhr aus der Ernährung dem Trinkwasser Fluorid zu, um den täglichen Bedarf zu sichern. Ein Mangel an Fluoriden erhöht das Kariesrisiko. Der Speichel und der Zahnschmelz können dann nicht genügend mineralisiert werden. Das macht die Zähne anfälliger für Kariesbakterien.

Zur Ergänzung von Fluoriden wende man sich an seinen Hausarzt.

11 Zink

Zink (Zn) zählt zu den lebensnotwendigen Spurenelementen. Das sind Mineralstoffe, die im Körper nur in geringen Mengen – also in Spuren – vorkommen.

Zink gehört mit 2 bis 3 Gramm zu den häufigsten Spuren-elementen in unserem Körper. (Das Häufigste ist Eisen.) Es befindet sich in der Skelettmuskulatur, im Knochengewebe, in der Haut, in den Nägeln und Haaren. 98 % des Zinks sind in den Zellen gespeichert, 2 % im Blut.

Der Körper kann Zink nicht selbst produzieren und auch nur in geringen Mengen speichern. Daher müssen wir regelmäßig Zink mit der Nahrung aufnehmen. Sobald der Zinkgehalt im Blut sinkt, mobilisiert der Körper Nachschub aus seinen Speichern. So wird auch bei zu geringer Zinkzufuhr über lange Zeit hindurch ein weitgehend normaler Blutspiegel erreicht. Der hohe Zn-Gehalt jedenfalls zeigt die Bedeutung von Zink für unsere Gesundheit.

Laut DGE zählt Zink zu den so genannten kritischen Wirkstoffen, d. h. weltweit, besonders in den Industrienationen, besteht aber eine Unterversorgung in mindestens einem Drittel der Bevölkerung. Besonders Angehörige von Risikogruppen, allen voran Kinder und ältere Menschen, leiden häufig an den Folgen von Zinkmangel.

Was macht Zink in unserem Körper: Das Spurenelement spielt im Stoffwechsel eine wichtige Rolle, denn es ist Bestandteil von über 200 Enzymen. Unter anderem ist es am Kohlenhydrat-, Eiweiß- und Fettstoffwechsel beteiligt. Es ist mitverantwortlich für die Speicherung von Insulin in der Bauchspeicheldrüse, für die Stärke des Immunsystems, für eine gute Wundheilung, eine gesunde Haut, volles Haar und kräftige Fingernägel.

Entscheidend ist Zink für die Eiweißsynthese und die Zellteilung. Sie sind ohne Zink nicht möglich und damit auch kein Wachstum, weil Zink für die Funktion von mehr als 200 Enzymen benötigt wird und an unglaublich vielen Stoffwechselreaktionen beteiligt ist. Dazu zählen beispielsweise der Stoffwechsel von Insulin, Sexualhormonen, Wachstumshormonen, Nervenüberträgerstoffen (Neurotransmittern) und Bindegewebseiweißen (Kollagen).

Zink muss regelmäßig mit der Nahrung aufgenommen werden. Es hat für unsere Gesundheit eine immense Bedeutung. Besonders geschätzt wird es wegen seiner immunstimulierenden, antiviralen und antioxidativen Wirkung. Es ist beteiligt an der Bildung von Wachstums-, Schilddrüsen- und Sexualhormonen. Beeinflusst Sinnesfunktionen wie Riechen, Schmecken, Sehen und Hören, ist wichtig für den Vitamin A-Haushalt und die Wundheilung, fördert die Immunabwehr und steigert die Ausscheidung von Schwer-metallen (Quecksilber, Cadmium, Blei) und Kupfer.

Die Deutsche Gesellschaft für Ernährung DGE empfiehlt eine tägliche Zufuhr von 7 mg für Frauen und 10 mg für Männer. Andere Institutionen, z. B. die WHO, die Food and Drug Adminis-tration (FDA) und das Deutsche Institut für Ernährungsmedizin und Diätetik (DIET), empfehlen deutlich mehr, nämlich 15 mg Zink/Tag für alle.

In der letzten großen nationalen Verzehrsstudie des BFI für Ernährung und Lebensmittel wurde festgestellt, dass im Durchschnitt (bis auf ca. ein Drittel der Befragten) die tägliche Zufuhr an Zink (nach DGE) mehr als ausreichend ist. Diese Fest-stellung relativiert zumindest hier die Empfehlung der Nahrungsmittel-Ergänzungs-Industrie, denn man kann den Fluor-Bedarf über die Ernährung decken.

Wer sich gesund und ausgewogen ernährt – das tun leider nur wenige - kann diesen Bedarf über die Nahrung decken. Allerdings werden nur etwa 25 % des mit der Nahrung zugeführten Zinks im Dünndarm des Körpers aufgenommen, der Rest wird unverändert ausgeschieden: 90 % über den Stuhl, 10 % über die Nieren. Sobald diese normale Aufnahme gestört wird, beispielsweise infolge von Krankheiten oder durch besondere Ernährungs-gewohnheiten, kann ein Zinkmangel entstehen. Er ist überdies bereits weit verbreitet.

Die häufigsten Ursachen von Zinkmangel sind eine zinkarme Ernährung, Störungen der Zinkverwertung aus der Nahrung, eine erhöhte Zinkausscheidung z. B. durch Erkrankungen, ein erhöhter Bedarf infolge spezifischer Lebenssituationen oder Krankheiten, der nicht durch die Nahrung ausgeglichen wird.

Die Hauptursachen einer unzureichenden Zinkversorgung sind eine einseitige Ernährung, z. B. durch zuviel Fast Food oder industriell aufbereitete Nahrung, spezielle Ernährungsformen, zum Beispiel Verzicht auf eiweißhaltige Produkte, vegetarische Ernährung, durch strikte Diäten oder Fastenkuren.

Auch die Heim- und Krankenkost vielfach nur unzureichend Zink. Da mit zunehmendem Alter auch die Aufnahme von Zink schwieriger wird, ist vor allem bei Senioren häufig ein Zinkmangel festzustellen.

Vegetarier nehmen eine besonders zinkarme Ernährung zu sich. Getreide und Gemüse enthalten reichlich Zink, doch kann der Körper gerade dieses nicht hinreichend gut verwerten, weil es durch die Ballaststoffe (Phytinsäure), die in Getreide und Gemüse vorhanden sind, in einem chemischen Komplex gebunden wird. Ähnlich wird die Zinkverwertung durch Calcium, Eisen, Kupfer, Phosphate (z. B. in Cola, Limonaden), Oxalate und Tannine in der Nahrung gebunden. Ungünstig ist dies insbesondere für Vegetarier, die gänzlich auf zinkhaltige Produkte tierischen Ursprungs wie Eier und Milch verzichten.

Auch einige Krankheiten können zu Störungen der Zinkverwertung führen. Hierzu zählen zum Beispiel Magen-Darmerkrankungen (Durchfall, Erbrechen, Morbus Crohn, Zöliakie u. a.) und angeborene Resorptionsstörungen (z. B. Acrodermatitis enteropathica, eine partielle Reduktion der Aufnahme von Zink in den Körper).

Selbst bei optimaler Zinkzufuhr über die Nahrung, kann es durch eine erhöhte Zinkausscheidung zu einem Mangel kommen. Auch wer viel schwitzt (Leistungssportler, Hitzearbeiter) verliert Zink, was langfristig zu einer Unterversorgung führen kann.

Auch Krankheiten und Medikamente können die Zink-Ausscheidung erhöhen. Beispielsweise Diabetes mellitus, Alkoholmissbrauch, Dialyse bei Nierenerkrankungen. Unter den Medikamenten z. B. Abführmittel, Antazida, Ovulationshemmer ('Pille'), Cortisonpräparate, Lipidsenker. Insbesondere in der Phase des Wachstums und der sexuellen Entwicklung von Kindern, natürlich auch während der Schwangerschaft und der Stillzeit.

Sprechen Sie ggf. mit Ihrem Arzt über ein mögliches Zinkdefizit.

Mehr Zink braucht der Körper bei oxidativem Stress (z. B. Raucher, Stressgeplagte, Krebskranke), bei geschwächtem Abwehrsystem, bei Hautkrankheiten (z. B. Akne, Neurodermitis, Psoriasis u. a.), Verbrennungen und Störungen der Wundheilung, bei erhöhtem Alkoholkonsum (das Enzym Alkoholdehydrogenase, das der Körper zum Abbau des Alkohols benötigt, ist zinkabhängig), bei Leberzirrhose, bei starker Belastung mit Schwermetallen.

Einige Krankheiten werden mit Zinkmangel in Verbindung gebracht, u. a. Bluthochdruck, rheumatoide Arthritis, Diabetes mellitus und sogar Multiple Sklerose.

Die Anzeichen eines Zinkmangels sind lange Zeit unspezifisch und werden oft erst dann ernst genommen, wenn sich eine Schwächung des Immunsystems zeigt oder hartnäckige Störungen an Haut, Nägeln und Haaren. Typische Symptome sind Hautveränderungen (Pusteln, Rötungen, Ekzeme, trockene und schuppende Haut), Wundheilungsstörungen, Schleimhaut-entzündungen, Wachstumsstörungen von Haaren und Nägeln (z. B. weiße Flecken auf den Nägeln, brüchige Nägel und Haare, sowie Haarausfall), Schwächung des Immunsystems (erhöhte Infektanfälligkeit, z. B. häufige Erkältungen).

Weitere Symptome für einen Zinkmangel sind Darmentzündungen, Durchfall, Wachstumsstörungen bei Kindern, verzögerte Geschlechtsreife (die Keimdrüsen entwickeln sich nicht richtig oder verkleinern sich, weil die Produktion von Geschlechtshormonen gestört ist), psychische Veränderungen (depressive Verstimmungen), schlechtes Nacht-Sehvermögen, Geruchs- und Geschmacksstörungen, Appetitlosigkeit, Gewichts-verlust, Kraftlosigkeit, chronische Müdigkeit.

Mittlerweile wurde nachgewiesen, dass durch eine zu niedrige Zinkaufnahme die Reparaturmechanismen der DNA geschädigt werden.

Wenn ein Zinkmangel diagnostiziert wird, kann er meist nur durch eine gezielte Subsitution behoben werden. Dabei sollte man auf die Zusammensetzung der Präparate achten und Zink-Arzneimittel gegenüber zinkhaltigen Nahrungsergänzungsmitteln aus dem Drogeriemarkt oder Supermarkt bevorzugen. Die genaue Angabe der Dosis ist ebenso wichtig wie die Kombination der Inhaltsstoffe. Um vom Körper genutzt zu werden, muss das Zink zielgerecht transportiert werden. Brausetabletten z.B. enthalten in der Regel anorganische Salze, die als Carrier- oder Transportstoffe wenig effektiv sind. Besser sind Zinkverbindungen mit organischen Bestandteilen wie Aspartat, das Salz der Aminosäure Asparagin, das zudem gut verträglich ist und zahlreiche Körperfunktionen unterstützt.

Wenn Sie also Zink zusätzlich einnehmen wollen dann können Sie auf fertige Produkte zurückgreifen. Bei Erkältungen reicht eine kurzfristige Einnahme. Empfehlenswert sind Lutschtabletten oder Brausetabletten, wenn Sie vor dem Trinken damit gurgeln. Dann kann das Zink gleich an Ort und Stelle seine virushemmende Wirkung entfalten.

Halten Sie bei jeder Einnahme mindestens eine Stunde Abstand zu den Mahlzeiten ein, damit die Zinkverwertung nicht durch pflanzliche Nahrungsmittel behindert wird.

Wer Zink langfristig einnimmt, sollte es nüchtern tun, am besten abends vor dem Schlafengehen.

Besonders gut wird Zink verwertet, wenn es organisch gebunden ist, beispielsweise an eine Aminosäure wie beim Zink-Histidin. Eine langfristige Einnahme ist aber nicht unproblematisch, denn Dosen von 40 mg/Tag und mehr können einen Mangel an Chrom, Kupfer, Eisen oder Mangan hervorrufen.

Daher empfiehlt das *Bundesinstitut für Risikobewertung* langfristig nicht mehr als 30 mg Zink pro Tag zuzuführen (Kinder entsprechend weniger).

Schon eine einmonatige Therapie mit höherdosierten Zinktabletten kann einen Kupfermangel hervorrufen. Sprechen Sie die Einnahme am besten mit ihrem Arzt ab. Wenn Sie auch andere Medikamente nehmen, empfiehlt es sich, vor der Einnahme von Zink nachzufragen, ob Wechselwirkungen beachtet werden müssen. Wenn Sie beispielsweise ein Eisenpräparat einnehmen sollte das ca. 2 ½ Stunden zeitversetzt erfolgen, denn Eisen verringert die Aufnahme von Zink.

Wenn Sie schwanger sind, sollten Sie die Einnahme solcher Präparate mit Ihrem Arzt besprechen.

Wenn Sie gravierende Probleme mit Ihren Nieren haben, dürfen Sie keinesfalls Zinkpräparate einnehmen!

Normalerweise scheidet der Körper das Zink aus, das er nicht benötigt. Eine Überdosierung ist nur zu befürchten, wenn die 10fache Menge, also mindestens 100 Milligramm am Tag, zugeführt wird. In diesem Fall muss mit Übelkeit, Erbrechen, Durchfällen und Leibschmerzen gerechnet werden.

Beim bestimmungsgemäßem Gebrauch von Zinkpräparaten haben Gesunde keine Nebenwirkungen zu erwarten. Bei der Einnahme sehr hoher Dosen kann es allerdings zu Kopfschmerzen, Beklemmungen und Fieber kommen. Eine lange dauernde und viel zu hohe Zufuhr kann zur Vergiftung führen. Sie äußert sich durch: Metallgeschmack, Kopfschmerzen, Übelkeit, Erbrechen.

Zink findet man in Fleisch und vor allem in Innereien (Leber), Fisch enthält viel Zink. Auch Schalentiere (Austern, Krabben), ferner Aal, Hecht, Lachs, Frosch, Flunder, Forelle, Schellfisch. Unter den Nährmitteln sind es Vollkornprodukte, Haferflocken, vor allem Weizenkeime und Weizenkleie, Maismehl, Reis, Eierteigwaren. Auch Milch und Milchprodukte allgemein. Eier. Gemüse. Hier vor allem weiße Bohnen, gelbe Erbsen, Linsen, Kürbis, Rosenkohl, Broccoli. Weniger ist zu finden in den anderen Gemüsearten und Kartoffeln. In Gewürzen Dill, Zitronenmelisse, Borretsch, Thymian, Basilikum. Und dann noch Hefe, Sojaprodukte, Mohn, Sesam und Nüsse.

Auch bei Zink kann es in der Zubereitung zu erheblichen Verlusten kommen. Im sauren Milieu kann der Zinkgehalt durch Kochen und Lagerung in zinkhaltigen Behältnissen hoch gehalten werden.

Werden Hülsenfrüchte eingeweicht oder wird aus Getreide ein Sauerteig hergestellt, verbessert das die Zinkaufnahme. Denn dabei werden Phytate abgebaut. Ein Schuss Zitronensäure kann die Verwertung ebenfalls verbessern. Für Vegetarier ist es zudem hilfreich, pflanzliche Zinklieferanten mit tierischen Proteinen (z. B. mit Joghurt) zu kombinieren. Denn diese fördern die Zinkaufnahme im Körper.

12 Selen

Selen (Se) gehört zu den Spurenelementen, die wir unserem Körper mit der Nahrung zuführen müssen.

Im Körper befindet sich das Selen vor allem in den Nieren, in Leber, Gehirn und Herz, sowie im Blut. Knochen, Muskulatur und Fettgewebe enthalten dagegen relativ wenig Selen.

Selen *(Se)* spielt eine wichtige Rolle bei der Entfernung freier Radikale im Körper. Es hat antioxidative Eigenschaften und senkt auf diese Weise den so genannten oxidativen Stress, dem in letzter Zeit immer öfter und deutlicher viele schädliche Einflüsse auf unsere Gesundheit zugeschrieben werden.
Es wird sogar vermutet, dass Selen eine anti-Krebs-Wirkung und schützende Eigenschaften vor Koronarer Herzkrankheit, Grauem Star und Rheumatischen Erkrankungen hat.

Es wird erzählt, dass Se für die Entgiftung des Körpers von Schwermetallen bedeutsam sei. Was in unserer angeblich mit Schwermetallen wie Blei, Cadmium und Quecksilber belasteten Umwelt und den total vergifteten Nahrungsmitteln unabdingbar sein soll. Se wäre in der Lage, diese Gifte weitgehend zu beseitigen, indem es mit ihnen schwerlösliche Selenide bilde. Außerdem aktiviere Se das Immunsystem und schütze Lipide im Rahmen des Fettstoffwechsels vor Oxidation, und es wäre zudem beteiligt an der Produktion von Schilddrüsenhormonen.

Nun mag ja alles so sein, aber sehen wir uns doch einmal die Behauptungen über den Selen-Bedarf genauer an, wie er in verschiedenen Quellen angegeben wird: die Angaben für die verschiedenen Altersgruppen sind stets derart präzise, dass man sich fragen muss, wie sie zustande gekommen sind. Es könnten nur die Ergebnisse von Experimenten großen Umfangs sein.

Aber sind sie das wirklich? Wie kann man den Grad der Deckung der als angeblich notwendig angegebenen Selen-Mengen mittels ‚normaler' Nahrungsmittel messen, und wie kann man ihre Aufnahme im Alltag kontrollieren? Die Erfüllung dieser Forderung ist nicht plausibel. Selbst bei klassischen Selenträgern (*Fleisch, Fisch, Hühnereier, Leber, Linsen, Sojabohnen, Nüsse*) ist das nicht möglich, weil deren Selen-Inhalte nicht genau definiert sind. Sie bleiben einfach zu ungenau. Um die angegebenen Werte tatsächlich erhalten zu können, ist man auf Zusatzstoffe angewiesen, in denen die Selenmengen chemisch quantitativ genau bekannt sind. Das lässt den Schluss zu, dass der Kauf eben dieser Stoffe mit quantitativ genauem Inhalt von den Herstellern dieser Zusatzstoffe gewollt ist und hier erzwungen wird.

Eine solche Situation von *Forderung* und *Erfüllung* der Zufuhr von Spurenelementen liegt bei allen Zusatzstoffen vor. Also muss man sich diese Frage bei allen Zusatzstoffen stellen. Eine gute Geldquelle immerhin für die Hersteller solcher Art von Stoffen.

Wer das hier noch nicht glaubt, der mag weiterlesen und sich dabei aber auch den Kommentaren zuwenden.

‚Unser Organismus hat ungefähr 15 bis 20 mg Selen gespeichert ... In Selenmangelgebieten wie Neuseeland und Finnland ist der Körperspeicher deutlich geringer, er enthält dort nur 4 bis 10 mg Selen ... Im Gegensatz dazu sind Amerikaner aufgrund ihrer selenreichen Anbaugebiete normalerweise nicht unterversorgt ...‘
Siehe beispielsweise https://www.jameda.de/naehrstoffe/selen/

Solcherart Feststellungen mögen sachlich richtig sein. Wer kann schon nachprüfen, was da irgendwo behauptet wird.

Die nachfolgende Feststellung des Selenbedarfs aber ist unzulässig, denn Wissenschaft kann sich nicht einfach Definitionen bedienen, ohne den Nachweis ihrer Richtigkeit und Bedeutung geführt zu haben. Wenn die *Deutsche Gesellschaft für Ernährung* ‚für Erwachsene 30 bis 70 µg pro Tag, für Kinder und Jugendliche je nach Alter 10 bis 60 µg‘ feststellt, dann ist das mehr als fragwürdig, und es überrascht umso mehr, wenn in ähnlicher Umgebung steht ‚dass allerdings neue Untersuchungen Anlass zur Vermutung geben, dass der genaue individuelle Bedarf angeboren ist und von Mensch zu Mensch schwanken kann.‘

Diese Aussage ist plausibel und wenn danach der Richtwert folgt, ‚... *im Schnitt nehmen bei uns Frauen 30 µg und Männer 41 µg täglich mit der Nahrung auf ...*‘, dann weiß jeder, der die Grundrechnungsarten beherrscht, wie viel er wovon essen sollte, um seinen Selenbedarf in etwa zu decken. Wohlgemerkt, jener Bedarf, wie ihn die DGE definiert. Wieder zum Vorteil der Hersteller von Nahrungsergänzungsmitteln.

Keinesfalls haben sich Menschen in der Steinzeit oder im Mittelalter an Richtwerten orientiert. Und dies gilt nicht nur für Selen, sondern für alle Stoffe, aus denen unser Körper besteht und die ihm täglich zugeführt werden. Ob er sie braucht oder nicht, denn die Konsequenzen eines Mangels werden ebenso dargestellt – auf welcher Basis auch immer – in Sätzen folgender Qualität:

Selenarme Nahrung kann zu Selenmangel führen

Ach nein, aber wann ist welche Nahrung arm an Selen und welche Konsequenzen hat ein Selenmangel dieser Art? Wieviel Wasser muss ich trinken und welche Konsequenzen hat welcher Wassermangel für meinen Körper? Wer weiß das schon wirklich, wenn die Mengen nicht um Größenordnungen neben dem Mittelwert liegen. Dazu gibt es zahlreiche Erörterungen, doch kaum jemand hinterfragt ihre Gültigkeit, und selbst würde er das, wer würde nun wieder diese Daten prüfen und welche Konsequenzen hätte dies? Das Ganze hat einen politischen Anstrich. Also ‚cui bono – wem nützt es'?

Zweifelsfrei ist es sinnvoll, nach den Grundelementen der Nahrungsversorgung zu fragen, zum Beispiel nach den Voraussetzungen:

‚Unsere Selenversorgung hängt von der Nahrungskette Boden – Pflanze – Tier ab. Wenn bereits der Boden Selen-arm ist, beispielsweise durch Auslaugung oder falsche Düngung – Sulfate konkurrieren mit Selen um die gleichen Aufnahmemechanismen bei der Pflanze –, so enthalten auch die darauf angebauten Pflanzen wenig Selen und die mit diesen Pflanzen gefütterte Tiere. Auf diese Weise kann es schließlich zu einer verminderten Selenversorgung beim Menschen kommen.'

Auch hier ein Motiv für die Nahrungsmittelergänzungsindustrie, genau an diesen Orten zuzuschlagen, denn dort herrscht ja der Mangel, den man mit Tabletten bekämpfen sollte.

Und dann gleich wieder ein ganzes Spektrum von Motiven für eine Ergänzung, nämlich spezifische Ernährungssituationen:

‚Weitere Ursachen für eine Selenunterversorgung können sein ein erhöhter Alkoholkonsum, denn Alkohol behindert die Selenaufnahme im Körper und erhöht die Selenausscheidung, längere einseitige Reduktionsdiäten, insbesondere Fastenkuren, strikte vegane Ernährung, höheres Lebensalter, denn mit zunehmendem Alter sinkt die Fähigkeit, das Selen aus der Nahrung aufzunehmen, eine Schwermetallbelastung; Schwer-metalle werden zwar durch das Selen entgiftet, aber das ans Schwermetall fixierte Selen ist für den Körper nicht mehr verfügbar.'

Das ist dann gleich der psychologische Druck, den die Versorger auf den Kunden (Patienten) ausüben: *Wenn du nichts Entscheidendes tust, hast du mit Konsequenzen zu rechnen.*

‚Zu den möglichen gesundheitlichen Folgen einer unzureichenden Selenversorgung zählen u. a.: Herzveränderungen (sogenannte Keshan-Krankheit),

Störungen der Muskelfunktion, Kashin-Beck-Krankheit (eine Osteoarthropathie). Darüber hinaus erhöht Selenmangel das Risiko für Augenerkrankungen wie Grauer Star, Krebs, entzündliche Gelenkerkrankungen, Leberzirrhose bei Alkoholikern und Arteriosklerose mit deren Folgen Herzinfarkt und Schlaganfall.'

Doch schon naht Hilfe:

‚Wenn Sie Selen über Nahrungsergänzungsmittel zuführen wollen, dann sollten Sie wissen, dass die Selen-Verwertung im Organismus von der Art der Selen-Verbindung und der Zusammensetzung der Nahrung abhängt. Bewährt hat sich die natürlich vorkommende Verbindung Selenomethionin, beispielsweise enthalten in Selenhefe. Sie gilt als besonders gut verträglich.

Dabei ist eine selektive Zufuhr von Selen, zum Beispiel in Form von Natriumselenid, nicht ganz unproblematisch, denn bei gleichzeitigem Jodmangel kann Selen über die Schilddrüsenhormone eine Unter-funktion der Schilddrüse auslösen.

Bei einer Überdosierung, z. B. wenn über mehrere Wochen mehr als 800 µg pro Tag eingenommen werden, kann es zu einer Selen-vergiftung kommen. Typische Symptome sind u. a. Mundgeruch nach Knoblauch, Depressionen, Brüchigkeit und Verlust der Fingernägel, Haarausfall und Entzündungen der Haut.

Diese Symptome bilden sich üblicherweise nach Absetzen des Selenpräparates zurück.

Wer an rheumatischen Erkrankungen leidet und Selen einnehmen möchte, sollte es mit Vitamin E kombinieren. Dieser Mix hat sich bei diesen Erkrankungen als besonders günstig erwiesen. Nach Untersuchungen scheint es ausreichend zu sein, alle 2 - 3 Tage 200 g Selen zusätzlich einzunehmen. Nehmen Sie aber nicht zuviel Selen ein, denn höhere Einnahmen (Übersupplementierung) scheinen das Risiko für Diabetes Typ II sowie für Prostatakrebs zu erhöhen.'

‚ .. scheinen das Risiko zu erhöhen ...'

Na bitte, da ist es schon wieder, das unbekannte Risiko. Ich frage Sie nun, was haben Sie von einer solchen Information. Denn andererseits heißt es ja, dass ein Zuviel an Selen schaden kann. In einer Studie hat sich nämlich gezeigt, dass Überdosierungen von Selen das Risiko an Prostatakrebs zu erkranken erhöhen. Und zudem noch an der aggressiven Form.

Besonders Männer sollen also vorsichtig sein bei der Einnahme von Selen-Präparaten, denn die nötige Menge wird normalerweise ausreichend mit der Nahrung zugeführt. So frage ich mich als Patient bzw. Konsument, aus welchem Grund ich das Risiko einer Se-Einnahme eingehen soll und wer mir garantiert, ob diese Informationen richtig oder zumindest wie genau und vor allem belastbar sie sind. Das Ganze mutet doch manchmal an wie schwarze Magie. Insbesondere wenn Sie sich zur Einnahme mehrerer Präparate entschlossen haben.

Dazu wird geraten: ‚*Nehmen Sie auch ein Zinkpräparat oder Vitamin C ein? Dann sollten Sie wissen, dass dadurch die Aufnahme des Selens behindert werden kann. Nehmen Sie daher die beiden Präparate am besten zeitversetzt, zum Beispiel mit einem Abstand von zwei bis drei Stunden.*‘

Was habe ich gerade gesagt. Die ‚beiden Präparate‘ (Se, Zink oder Vitamin C? Welche also?). Und für den zeitlichen Abstand der Einnahme gilt ‚*zum Beispiel*‘?! Welches andere Beispiel gibt es noch? Und was rät dieses?

Setzen Sie also Ihren gesunden Menschenverstand ein, bevor Sie etwas kaufen und erst recht bevor Sie es essen.

Viel Selen enthalten *Fleisch, Fisch, Innereien, Garnelen, Hummer, Thunfisch* und *Hühnereier, Linsen* und *Spargel, Käse, Nüsse*. Beim *Getreide* spielt der Selengehalt des Bodens die entscheidende Rolle. Getreide von unseren Böden ist selenarm im Gegensatz zur Importware aus Nordamerika oder Kanada.

Mit der klassischen Einnahme können Sie nicht überdosieren.

13 Kupfer

Kupfer (Cu) gehört zu den Spurenelementen, die wir unserem Körper regelmäßig zuführen müssen. Es ist wichtiger Bestandteil von Enzymen, beispielsweise beim Eisenstoffwechsel und ist beteiligt an der Bildung der roten Blutkörperchen.

Unser Körper enthält etwa 100 Milligramm Kupfer. Nach Angaben der *DGE* benötigen Jugendliche und Erwachsene pro Tag 1,0 bis 1,5 mg Kupfer. Laut Schätzungen nehmen wir vermutlich 2 bis 4 mg pro Tag zu uns, so dass ein Mangel selten ist. Eine Tafel Schokolade enthält beispielsweise circa 12 Milligramm und damit rund das Zehnfache unseres Tagesbedarfs.

Zu Kupferverlusten kann es durch Blutverluste kommen und zu einer Behinderung der Kupfer-Aufnahme im Körper durch überreichliche Zufuhr von Calcium und Zink. So kann schon eine einmonatige Therapie mit höherdosierten Zinktabletten einen Kupfermangel hervorrufen.

Ein Kupfer-Mangel hat eine spezifische Art von Blutarmut zur Folge, darüber hinaus kann er zu einem Mangel an weißen Blutkörperchen führen, sowie zu Knochenbrüchen infolge Osteo-porose. Auch Gefäßrisse, Erweiterung von Blutgefäßen, Störungen der Bindegewebsfunktion, verringerte Pigmentation von Haut und Haaren sowie Nervenstörungen sind möglich.

Doch auch ein Zuviel an Kupfer ist ungesund. So wird ein stark erhöhter Kupfergehalt des Trinkwassers mit Leberschäden bei Säuglingen in Verbindung gebracht. Allerdings sind Über-dosierungen und Vergiftungen mit Kupfer selten, weil der Organismus einen Überschuss ausscheidet.

Man erhält es aus Getreideprodukten, Innereien (Leber), Fisch, Schalentieren, Nüssen, Kakao, Kaffee, Tee und grünen Gemüse-sorten.

14 Mangan

Mangan (*Mn*) ist ein essentielles Spurenelement, das dem Körper mit der täglichen Nahrung zugeführt werden muss.

Erst seit 1958 ist bekannt, dass Mangan für zahlreiche wichtige Funktionen im Körper unverzichtbar ist. Im menschlichen Körper befindet sich Mangan in einer Menge von 10 – 20 mg. Etwa ein Viertel davon ist in den Knochen eingelagert. Auch Leber, Bauchspeicheldrüse und Nieren weisen eine relativ hohe Mangankonzentration auf.

Die Aufnahme aus der Nahrung erfolgt, wie in vielen anderen Fällen, aus dem Dünndarm.

Neben der Bildung von Melanin und Dopamin, ist Mangan am Aufbau von Bindegewebe, an der Produktion von körpereigenen Eiweißen und an der Bildung von Harnstoff maßgeblich beteiligt.

Einer der wichtigen Aufgaben des Mangangs besteht bei der Insulinproduktion in der Bauspeicheldrüse: Vitamin B_1 und Mangan sind hier wichtig. Außerdem für Aufbau und Erhalt von Knorpeln und Knochen.

Mangan ist überdies wichtiger Bestandteil zahlreicher Enzyme und somit an vielen Funktionen im Körper beteiligt. Unter anderem an der Bildung von Schilddrüsen- und Sexualhormonen.

Er liegt bei Kindern geschlechtsunspezifisch bis zum 7. Lebensjahr bei 1 – 2 mg. Ab dem 7. Lebensjahr beträgt die empfohlene Tagesmenge 2 -5 mg. Ein etwas erhöhter Bedarf besteht in der Regel nur bei Alkoholikern, bei Menschen, die sich überaus zuckerhaltig ernähren und bei oxidativem Stress. Hier kann Manganmangel entstehen.

Pflanzliche Nahrungsmittel sind reich an Mangan. Mit viel Obst und Gemüse kann der Tagesbedarf an Mangan gedeckt werden. Milch, Milchprodukte und Fleisch enthalten Mangan nur in sehr geringer Konzentration. Es ist daher, ebenso wie bei der Versorgung mit anderen Spurenelmenten empfehlenswert, sich mit Mischkost zu ernähren. Fleisch und Fisch, in Kombination mit Gemüse sind reich an Vitaminen, Mineralstoffen und Spurenelementen. Mischkost ist zudem gut für die Verdauung. So können Nährstoffe, darunter auch die Spurenelemente, viel besser aus dem Darm aufgenommen werden.
Folgende Nahrungsmittel enthalten besonders viel Mangan:

- Blaubeeren
- Ananas
- Erdbeeren
- Getreide und Getreideprodukte
- Haferflocken
- Bananen
- Hülsenfrüchte
- Kopfsalat
- Spinat
- Nüsse
- grünes Blattgemüse

Beim Menschen kommt ein Manganmangel nur sehr selten vor. An Tierversuchen wurden die Auswirkung von Manganmangel untersucht und Symptome identifiziert. Bei besonders zuckerhaltiger Ernährung und bei Alkoholikern kann Manganmangel bestehen. Er ist jedoch auch dann extrem selten.

Wissenschaftler haben herausgefunden, dass ein Mangel an Mangan die Funktion des Hormons Insulin negativ beeinflusst. Dann reagieren die Zellen nur unzureichend auf dieses Hormon. Weitere Zeichen eines Manganmangels sind Störungen des Fettstoffwechsels. Auch Unfruchtbarkeit und Veränderungen in den Knochen.

Ob ein erhöhter Bedarf oder ein Manganmangel bestehen, muss ärztlich geklärt werden, von einer Selbstmedikation ist abzusehen. In der Regel ist die zusätzliche Zufuhr von hochdosierten Manganpräparaten nicht nötig.

Ähnlich wie ein Manganmangel, kommt eine Manganvergiftung in der Standard-Bevölkerung kaum vor. Im Bergbau, wenn sehr viel Manganstaub eingeatmet wird, kann es zu einer Vergiftung mit Mangan kommen. Außerdem kommen weitere Berufsgruppen aus den Bereichen Stahlbau und Manganverarbeitung in Frage, wo es unter Umständen – heute jedoch eher selten – zu einer Manganintoxikation kommen kann. In den gefährdeten Berufs-gruppen stellt Manganvergiftung eine entschädigungspflichtige Berufserkrankung dar. Eine chronische Manganvergiftung (*Manganismus*) ist die Folge einer chronischen Mangan-intoxikation, die der Parkinson-Krankheit stark ähnelt.

Eine akute Manganintoxikation kann zu einer ungewöhnlich schweren Lungenentzündung führen und tödlich enden.

Obwohl Manganvergiftungen nicht gänzlich auszuschließen sind, betreffen sie meist nur bestimmte Berufsgruppen. Unter der Normalbevölkerung ist bei gesunder Ernährung mit solchen Erscheinungsbildern nicht zu rechnen.

15 Chrom

Das Schwermetall *Chrom* (*Cr*) spielt bei der Farbherstellung und industriellen Metalllegierung eine wichtige Rolle. Aber auch der menschliche Körper benötigt Chrom.

Warnsignale des Körpers bei Chrommangel sind ständige Müdigkeit, Unruhe und Gereiztheit.

In Leber und Milz, im Fett und in den Muskeln sowie den Knochen befindet sich Chrom. Die Menge an Chrom, die unser Körper täglich braucht, ist scheinbar verschwindend gering. 80-100 µg sind genug, um den täglichen Bedarf zu decken. Messen lässt sich Chromkonzentration im Körper nicht, denn die nachweisbare Konzentration im Blut gibt keine Auskunft über die Chrommenge in den Zellen. Auch über die Urinausscheidung sind keine zuverlässigen Schlüsse möglich.

Es ist als Kofaktor am Stoffwechsel einiger Enzyme beteiligt. Chrom hat auch Einfluss auf Hornhaut- und Augenlinsen-funktionalität und deren Erhaltung.

Erhöhte Harnzuckerwerte sind Symptome für ein Chrom-Defizit. Auch verschiedene Gehirn- und Nervenerkrankungen sind mitunter auf Chrommangel zurückzuführen. Auch erhöhte Cholesterinwerte, Arteriosklerose und hohe Blutfettewerte können Indizien für einen Mangel an Chrom sein. Auch Diabetes wird durch diesen Mangel begünstigt, denn ohne Chrom funktioniert der Zuckerabbau im Körper nicht.

Selbst bei reichlicher Insulinbildung wird Blutzucker nicht abgebaut, weil Insulin an das Zuckermolekül nur mit Hilfe von Chrom herankommt. Chrom hat also eine wichtige Funktion im Kohlenhydratstoffwechsel, zu den Mangelerscheinungen gehört also eine Glukoseintoleranz.

Natürlich ist eine Überdosierung schädlich für den menschlichen Körper. In Gerbereien beispielsweise, in denen Chromsalze eingesetzt werden, kann es zu Vergiftungserscheinungen kommen. In manchen Gegenden sind auch das Trinkwasser und der Boden mit Chrom-Schlacken kontaminiert.

Schon ab dem 40. Lebensjahr sinkt die Fähigkeit des menschlichen Körpers Chrom aufzunehmen. Deshalb gibt es im Alter häufiger Probleme mit dem Blutzuckerspiegel.

Es gibt eine ganze Reihe chromhaltiger Lebensmittel: Fleisch, Leber, Eier, Vollkornprodukte, Haferflocken, Rosinen, Nüsse, Pilze, Tomaten, Kopfsalat, Bierhefe, Kakao und schwarzer Pfeffer.

Manche Lebensmittel entziehen dem Körper Chrom: Weißbrot, Teigwaren und Klöße gehören dazu.

16 Molybdän

Molybdän (*Mo*) zählt zu den essentiellen Spurenelementen und muss dem Körper täglich über die Nahrung zugeführt werden. Erst seit 1953 weiß man – und diesbezüglich ähnelt es dem Mangan –, dass Molybdän als Spurenelement für den Körper überaus wichtig ist.

Wie andere Mineralstoffe und Spurenelemente ist es beispielsweise Bestandteil vieler Enzyme. Es sorgt dafür, dass sich im Körper Harnsäure bildet, das ein Abbauprodukt unseres Stoffwechsels ist. Molybdän ist wegen seiner bakteriostatischen Wirkung auch für unser Immunsystem sehr wichtig: es hemmt das Wachstum verschiedener Bakterienarten.

Molybdän ist aber auch an der Herstellung von Erbsubstanzen DNS und RNS beteiligt.

Etwa 8 - 10 mg befinden sich im menschlichen Körper. Der tägliche Bedarf ist unabhängig von Alter und Geschlecht. Mit einer gesunden und abwechslungsreichen Ernährung lässt sich der relativ geringe Tagesbedarf mühelos decken. Für Erwachsene liegt er bei 50 – 100 µg. Bereits mit 100 g Hühnerfleisch ist der Mittelwert erreicht. Zahlreiche weitere Nahrungsmittel enthalten das Spurenelement in relativ hoher Konzentration. Eine Bedarfslücke wäre also die Folge einer extrem einseitigen Ernährung.

Es wird aus der Nahrung über den Dünndarm aufgenommen. Für Mangelerscheinungen können also Störungen des Magen-Darm-Traktes als Ursache in Betracht gezogen werden.

Molybdän ist sowohl in pflanzlichen, als auch in tierischen Nahrungsmitteln enthalten, wobei der Gehalt von pflanzlichen Nahrungsmitteln empfindlich von den Bodenverhältnissen abhängt.

Die folgenden Nahrungsmittel enthalten es in relativ großer Menge:

- Hülsenfrüchte (Erbsen, Linsen, Bohnen)
- Sojamehl
- Rotkohl
- Milch- und Milchprodukte
- Kartoffeln
- Getreide und Getreideprodukte
- Innereien
- Hühnerfleisch

- Eier
- Naturreis
- Spinat
- Schweinefleisch

Wichtig ist eine abwechslungsreiche und gesunde Kost. Nur so kann der Körper mit allen notwendigen und wichtigen Nährstoffen, Vitaminen, Mineralstoffen und Spurenelementen versorgt werden. Einseitige Ernährung, strenge Diäten, künstliche Ernährung und weitere Umstände können durchaus zu Molybdänmangel führen.

Bei einer normalen Ernährung ist ein Molybdänüberschuss genau so wenig möglich, wie ein Molybdänmangel. Zu Beschwerden und zu einem deutlichen Molybdänüberschuss kommt es bei Menschen nur dann, wenn über längere Zeit unkontrolliert Molybdän in Form von Nahrungsergänzungsmitteln zugeführt wird.

Nur besondere Umstände können einen Molybdänmangel hervorrufen. Dazu zählt künstliche Ernährung, die über eine längere Zeit hinaus erfolgt. Auch eine hohe Kupferzufuhr kann einen Molybdänmangel herbeiführen, ebenso Erkrankungen im Magen-Darm-Bereich, wodurch die Aufnahme von Molybdän im Dünndarm stark vermindert wird. Eine Mangelversorgung äußert sich in Kopfschmerzen, Übelkeit mit Erbrechen und Nachtblindheit. Weitere Symptome sind verringerte Produktion von Harnsäure, auch Herzrhythmusstörungen, eventuell auch Kurzatmigkeit, Durchfall, Müdigkeit, Infektanfälligkeit, Allergieneigung, Fruchtbarkeitsstörungen oder Wachstumsstörungen des Fötus während der Schwangerschaft, wenn der Mangel während dieser Zeit besteht.

Vergiftungserscheinungen wurden bei Menschen allerdings bisher nicht beobachtet. Ein Zuviel an Molybdän verursacht eine stark erhöhte Harnsäureproduktion im Körper. Der Zuviel an Harnsäure kann nicht schnell genug über die Nieren ausge-schieden werden. Hier kommt es zu gichtartigen Beschwerden und Durchfall.

Bei Personen, die im Molybdänabbau oder in Gießereien tätig sind können solche Symptome auftreten. Die Therapie sieht dann eine Reduzierung der Molybdänzufuhr vor. Bei Verminderung verschwinden die Beschwerden nach relativ kurzer Zeit.